선교정책 확 바꿔야 한다

37년 아프리카 선교경험을 말한다

선교정책 확 바꿔야한다

저　　자　윤원로
펴 낸 곳　미성문화원
펴 낸 이　장시왕
디 자 인　미성문화원 디자인팀

초판인쇄　2021년 07월 27일

출판등록　2004년 10월 06일
　　　　　제 2014-000095

주　　소　서울시 영등포구 여의대방로 5길2 (신길동 우창아파트 별관)
홈페이지　www.meesung.co.kr
대표전화　1599-5117
팩　　스　02-833-4400
이 메 일　msung53@naver.com

ISBN 979-11-86157-27-5 03230

37년 아프리카 선교경험을 말한다

선교정책
확 바꿔야
한다

윤원로 지음

연세대학교
언더우드
선교대상 수상
언더우드 서거
100주년 기념

해외선교사에게 주는 언더우드선교대상
언더우드 서거 100주년 기념
윤원로 선교사 수상

최형근 교수 / 서울신학대학교 선교학, 한국로잔위원회 총무

오늘날 선교지 상황의 변화에 따라 전통적으로 복음전도와 교회개척에 초점을 둔 선교전략과 더불어 선교협력모델들이 부상하고 있다. 이런 상황에서, 이 책은 선교정책과 전략의 핵심인 선교사와 현지교회와의 관계를 깊게 다루고 있다. 특히 카메룬 문화와 선교역사에 대한 상세한 기술 그리고 상황화 신학적 관점에 근거하여 기존의 삼자원리에 대한 선교학적 분석을 통해 새로운 선교정책을 제시한 필자의 노력은 선교지 리더십 이양에 대한 신선한 안목을 제시한다. 카메룬과 서부 아프리카 선교를 위해 오랫동안 헌신하고 선교적 리더십을 발휘한 필자의 풍부한 경험과 선교학적 통찰이 어우러진 이 책은 아프리카 선교를 위해 헌신하기를 원하는 선교 헌신자들과 선교사들 그리고 한국 선교 단체에 귀중한 교훈과 전략적 길라잡이가 될 것이다. 선교에 대해 관심을 두고 있는 모든 독자에게 일독을 권한다.

한정국 선교사 / 선교전략가

'아비론'을 읽고

"왠 아비론?"

윤원로 선교사의 신간 '아비론'이 한국 선교신학계에 큰 반향을 일으키고 있다. 왜냐하면 전통적 선교 이론 4P (Pioneer → Parents → Partner → Participant) 즉 선교사는 개척자로 시작, 부모가 되어 때가 되면, 동역자 그리고 참여자가 되어야 한다는 주장에 반기를 들기 때문이다. 헤겔의 정반합 논리에 반(反)에 해당하는 그의 이론 전개는 수많은 선교지 카메룬 사례와 함께 사뭇 설득력이 있다.

그는 4P나 삼자(자립 자전 자치)를 무조건 반대하는 것이 아니라, 이 같은 전통 이론의 허점을 예리하게 지적하고 있다. 특히 카메룬이라는 선교지는 한국처럼 가부장적 사회구조를 갖고 있다. 아프리카의 그것은 동아시아보다 더 심한 편이다. 그런데 이곳을 먼저 선교했던 서양 선교사들이 찾아낸 삼자 정책과 4P 이론은 서구에는 적합해도, 아프리카에는 무리가 있다는 것이 윤 선교사의 지적이다. 예를 든다면 한국이나 카메룬에서 아들이 장성하면 아들을 출가 독립시키는 것이 다반사인데, 어떻게 아비가 아들과 살아온 그 집을 아들에게 넘겨주고, 아비가 새로운 집을 개척해야 하느냐는 논리이다. 이것은 카메룬이나 아시아 문화에는 맞지 않는 다고 주장한다.

그는 이 책에서 카메룬의 교회 역사를 요약으로 설명하면서 장단점을 분석하고 있다. 이어서 카메룬 교회 지도자들의 리더십 구조와 특성을 설명하면서 이런 상황에 적합한 교회 리더십 개발을 얘기하고 있다.

그렇다, 카메룬에 제일 적합한 기독교는 그 문화 친화적이면서 성경적인 모습이어야 한다. 그런 점에서 자식들이 독립적으로 자수성가해 갈 수 있도록 돕는 아비의 모든 노력을 '아비론'이라는 단어로 설명하고 있는 것이다. 이것은 카메룬 땅에 아주 적합한 리더십 모델이 될 수 있고, 한국 선교사가 선교지에서 새롭게 발견하여 학계에 조심스럽게 내어놓는다는 점에서 한국 선교신학의 한 모습이 될 수 있는 것이다. 열정과 헌신의 선교학이 한국 선교신학의 첫 사례로 꼽은 한국 선교신학계가 이제 아프리카 땅에서 새로 발굴한 윤원로 선교사의 아비론이 새로운 한국 선교신학의 예가 될 수 있는 것이다.

결국 우리의 갈 길은 정(正)이나 반(反)도 아닌 새로운 합(合)의 길이 열릴 수 있는 것이다. 그러나 윤 선교사의 선교현지에서 새롭게 돌아보는 선교 리더십 이론은 우리에게 보다 깊은 선교신학의 차원으로 이끄는 매력이 있다. 독자들은 한 번 그의 주장을 읽고, "과연 그러한가?"라는 신사적 자세로 역사적인 토론에 임하여 보자. 필자는 이 글을 쓰면서도 그의 당찬 문화적 리더십 접근에 박수를 보내고 싶다. 일반으로 인도하는 넓은 길 보다, 문화적으로 특별한 좁은 길에서 우리는 새로운 선교적 지혜를 얻을 수 있기 때문이다.

Contents

Cameroon

1장

선교의 위기

1장

선교의 위기

수 세기 동안 서구 신학과 서구교회 선교 방법들과 관례들은 선교 현장의 규범이 되었고 논란의 여지가 없었다. 그러나 오늘날의 상황은 근본적으로 다르다. 신생 교회들은 지배받기를 거부하고 그들의 자율성에 더 높은 가치를 부여하고 있다. 게다가 서구 신학은 오늘날 세계의 많은 지역에서 도전받고 있다.[1]

1971년 5월 동부 아프리카 장로교 총무인 케냐의 존 가투(John Gatu)는 서구 선교회 활동과 선교사들에 대한 5년간의 모라토리엄 (moratorium)을 제의하였다.[2]

지속적인 외국교회에 대한 의존과 그들에 의한 지배는 아시아, 아프리카, 라틴아메리카 교회들이 하나님의 사명에 응답하는 것을 방해한다. 현재의 문제들은 오직 모든 선교사가 적어도 5년간 떠나야 해결될 수 있다. 제3세계의 교회들은 그들 자신의 정체성을 발견하도록 허용되어야 한다.[3]

현재 같은 선교사의 행동이 지속되는 것은 교회 자립에 장애가 된다.[4]

필리핀 유니언 신학대학(Union Theological Seminary) 학장인 에메리토 낙필(Emerito. P. Nacpil)은 1971년 2월 쿠알라룸푸르 회의에서 선교를 "제3세계의 떠오르는 세대들 속에서 서구식 민주주의의 상징"으로 묘사하면서 아시아 사람들은 선교사들에게서 고난당하는 그리스도의 얼굴을 보기보다는 우호적인 괴물의 얼굴을 본다고 하였다.[5]

그는 현재 상황에서 아시아와 서구교회의 파트너십은 약한 자와 강한 자의 파트너십일 뿐이고, 이것은 약한 자가 계속해서 강한 자에게 의존하고, 강한 자가 계속해서 약한 자를 지배하는 것을 의미하므로 현재와 같은 시스템으로 아시아에서 행하여지는 선교사역은 종결돼야 한다고 주장하였다.[6]

아시아, 아프리카, 라틴아메리카 교회들이 그들의 힘과 자립을 가능케 하는 한 방법으로, 모든 선교사와 외국 자본을 몇 년간 단절함으로 외부의 도움 없이 '숨 쉴 수 있는' 기회를 주자는 제안이 제기

되었다.

그러나 앤더슨은 모든 상황을 위한 일반적 정책으로 모라토리엄이 성서적이지도 않고, 교회 유익을 위한 것도 아니며, 제3세계나 제1세계를 위한 것도 아니라고 했다. 그는 대신 선교에서 교회 간의 상호 의존관계를 개발해야 한다고 주장했다.[7]

카메룬 사회학자인 아론(Aaron Tolen)은 모라토리엄은 이론적인 문제가 아니라 실제적인 문제라고 하였다.

만일 카메룬 교회들이 모라토리엄을 결정한다면, 그것은 대부분의 의료 서비스와 훈련 조직, 다수의 중고등학교와 공보부, 그리고 야운데 신학대학까지 문을 닫는 것을 의미한다. 만일 우리 교회들이 이 같은 상황을 초래한다면, 그것은 교회들이 이러한 기관들을 필요하지 않은 것으로 간주한다는 것을 가리킨다. 그러나 이것은 사실이 아니다. 모라토리엄의 긍정적인 면과 일반화된 적용이 세계선교에 부정적인 결과를 초래할 수도 있다는 사실을 잊어서는 안 된다.[8]

1974년 로잔회의에서 아프리카 대표단은 모라토리엄에 대하여 가투와 논쟁하였고, 가투는 모라토리엄 개념이 아프리카 교회들에서 논의되지 않았다고 보고하였다.[9]

그래서 선교지 교회의 자유, 주도, 책임의 가치가 인정되었음에도 불구하고 모라토리엄 개념의 채택은 거부되었다.[10]

모라토리엄에 대한 논쟁은 선교사역에 심각한 문제가 있음을 보여

주었다. 그리고 모라토리엄 요구는 주로 오래된 교단들(성공회, 감리교, 장로교)로부터 나왔다는 것을 주목해야 한다.[11]

그렇다면 왜 제3세계 지도자들은 모라토리엄이란 극단적인 요구까지 하게 되었을까? 그것은 서구교회와 서구 선교사들의 현지 교회지배와, 현지 교회의 선교사에 대한 의존이 지속되어, 이 관계를 변화시켜야 할 절실한 필요가 있었기 때문이다.

1950년대와 1960년대는 선교회와 그에 의해 설립된 교회의 관계에 극적인 변화를 보여준 시기였다. 선교회마다 선교지 정부들과 교회들이 그들에게 권위를 이양해 줄 것을 주장함으로써 정체 의식의 위기에 직면하였다. 불가피한 변화에 직면했을 때, 에큐메니컬 선교회는 복음적 선교회보다 자신들의 소유권과 권위를 현지 교회에 예속시켜야 한다는 것을 쉽게 깨달았다. 그러나 믿음 선교회(faith mission)와 관계된 복음주의자들은 선교지 교회와의 새로운 협력 관계를 맺는데 많은 어려움이 있다는 것을 깨달았다. 복음주의자들이 마지못해 따라가는 가장 중요한 이유는 선교 그 자체와 관련되어 있다. 기독교 선교가 선교회에 속한 사역이라기보다는 오히려 교회에 속한 사역이라는 것을 아무리 효과적으로 입증하였을지라도 세계의 교회 역사상 그들 선교회가 없었을 때 선교는 종종 포기되어졌다는 사실이다.[12]

우리는 여기서 복음주의 선교회들의 고민을 본다. 현지 교회와의 협력을 위하여 모든 것을 현지 교회에 예속시키면 선교가 희생되고, 현지 교회에 예속되지 않고 사역을 하면 간섭주의라는 비난을 듣게 된다. 언젠가 선교사들이 리더십을 현지인들에게 이양해야 한다는 것에는 이론의 여지가 없다. 왜냐하면 현지인들은 선교지의 언어뿐 아니라 그들의 문화와 생활양식을 잘 이해하므로 준비과정에 시간을 보낼 필요가 없으며, 가장 효과적인 의사소통은 현지인들 사이에서 이루어지고, 현지인 사역자들은 외국인들보다 더욱 경제적으로 사역할 수 있기 때문이다.[13] 문제는 언제, 어떤 방식으로 리더십을 이양하는가 하는 것이다.

이 책을 쓰게 된 목적은 선교지 교회들과 선교회 간의 긴장이 고조되고, 현지 지도자들로부터 선교사들의 철수가 요구되는 상황에서, 선교회가 어떻게 현지 교회와 좋은 관계를 유지하여 효과적인 선교사역을 수행할 수 있을까 하는 방법을 제시하는 것이다.

필자는 34년간 서부 아프리카 카메룬에서 사역하는 선교사로서 카메룬 개신교회의 역사를 살펴보았다. 카메룬 개신교회는 선교사들이 현지 교회에 리더십을 이양하는 과정에 성공적이지 못했다. 선교사들이 전면에서 리더십을 발휘할 때 활기차게 성장하던 선교사가 설립한 기존의 교회들도 현지인에게 리더십이 이양된 후 심각한 중

병에 시달리고 있다. 그렇다면 "선교사의 리더십에 문제가 있었던 것은 아닌가?"라는 의문이 생기게 되었다.

이 문제를 연구하기 위해 필자는 첫째, 카메룬에서 사역한 개신교 주요 선교회들의 역사를 살펴보고, 이 선교회들이 왜 그리고 어떻게 그들의 리더십을 현지 교회에 이양했는지와 그 과정을 연구하며 이 과정에서 나타난 문제들을 정리해보려고 한다. 둘째, 아프리카인의 특성을 통해 카메룬 현지인 리더십의 문제점의 원인을 찾아 분석하고, 현지인들을 인도하는 선교사의 리더십에 관해서도 살펴보려고 한다. 셋째, 자립 정책에 관해 고찰하고, 삼자 정책의 장점과 함께 문제점도 고찰하여, 과연 삼자 정책이 모든 선교지에 절대적인 원칙으로 적용되어야 하며, 간섭주의(paternalism)는 무조건 비난받아야 하는지 고찰하려 한다. 끝으로, 선교사의 현지 교회에 대한 바람직한 리더십을 제시해보려고 한다.

이 책은 전체 6장으로 구성된다. 1장은 이 책을 쓰게 된 동기와 목적을 밝힌다. 2장은 카메룬 문화와 종교를 개략적으로 고찰하고, 카메룬 개신교 주요 교단의 선교역사를 살펴본다. 3장은 성경에서 나타난 리더십과 카메룬 문화에서의 리더십을 분석하고, 카메룬 개신교 주요 교단의 리더십 이양 과정을 살펴본다. 4장은 카메룬 개신교 지도자의 리더십을 카메룬인의 특성에 비춰 분석해 보고, 이와 함께 선교사의 리더십도 분석한다. 5장은 삼자 원칙(three-self princi-ple)과 그 문제점에 대해 살펴보고, 오늘날 아프리카 교회 상황에 맞는 리더십을 제시한다. 끝으로 6장은 결론으로서 이 책의 내용을 간단히 요약하고, 평가하며, 해결해야 할 남은 과제를 제시한다.

2장

카메룬 선교역사

카메룬 문화와 종교
카메룬 선교역사

2장

카메룬 선교역사

본 장에서는 카메룬 개신교 선교현황을 살펴본다. 이를 위해 먼저 카메룬 문화와 종교에 대해 고찰해보고, 다음으로 카메룬 개신교 선교역사를 살펴본다.

카메룬 문화와 종교

1. 불평등 문화

카메룬은 권위주의가 지배하는 사회이다. 직장이나 국가에서 높은 지위를 가진 사람들의 권위의식은 대단하다. 그 권위는 자타에 의해 인정된다. 기어스 홉스 테드(Geert Hofstede)의 리서치에 의하면 카메룬이 속한 서아프리카의 권력거리 지수는 53개국 중 10위로 상당히 높게 나타났다. 이들은 인간 간 불평등을 당연하며 바람직한 것으로 여기고, 약자는 강자에게 의존해야 한다고 생각하며, 부모는 자식에게 복종을 가르치고, 교육수준에 관계없이 권위주의적인 가치를 지닌다. 또한 조직 안의 위계는 지위에 따라 존재적 불평등을 반영하고, 조직에서 권력 집중이 흔하며, 부하직원은 지시에 따라 일을 하고, 경영자에게 부여되는 지위나 특권은 당연한 것으로 여기며, 이상적인 지도자는 선의의 전제자 또는 착한 아버지이다.[14]

이들의 문화에서 이상적인 지도자는 좋은 "전제자"나 "아버지"인 것을 기억할 필요가 있다.

2. 집합주의 문화

아프리카인들은 부족의 구성원으로 태어난다. 이들은 제각기 전혀 다른 언어와 문화를 가지고 있다. 친족 감은 전통적인 아프리카 사회에서 가장 강력한 힘을 지닌 것 중의 하나이다. 친족관계는 한 공동체 안에 있는 사람들 간의 사회적 관계를 통제하며, 결혼관습과 규례도 이 친족관계가 다스린다. 이 친족 감은 부족의 전체 삶을 한데 묶는 것일 뿐만 아니라, "토템"의 세계를 통하여 동물, 식물, 생명 없는 물질들에까지 확대되기도 한다. 그러므로 인간관계와 관련된 거의 모든 개념은 친족관계의 체계를 통해 이해되고 해석될 수 있다.[15]

카메룬에는 집합주의 문화가 지배한다.[16]

이런 사회에서 집합주의 가족의 필수요소가 되는 집단에 대한 충성심은 자원을 나누어 가져야 함을 의미한다. 확대 가족의 한 구성원이 수입이 있고 나머지 사람들은 그렇지 못하다면, 이 수입이 있는 구성원은 전 가족을 먹여 살리기 위해 자기 수입을 나머지 식구와 나누어 갖는 것이 당연한 것으로 여겨진다.[17]

홉스테드(Hofstede)는 이런 집단주의 사회에서는 정체감의 근원은 개인이 속해있는 사회적 그물망 속에 있고, 어린이는 "우리"라는 틀 안에서 생각하는 법을 배우며, 경영은 집단의 경영이고, 인간관계가 일보다 우선이라고 하였다.[18]

3. 불확실성 수용문화

카메룬 사람들은 불확실한 상황이나 미지의 상황으로 인해 별로 스트레스를 받지 않는다. 카메룬의 불확실성 회피 지수는 낮다.[19] 이들은 하루하루를 되는대로 살아가고, 낮은 스트레스로 행복 지수가 높으며, 애매한 상황과 익숙하지 않은 모험에 대해 편하게 느끼고, 반드시 필요한 규칙 이외의 규칙은 둘 필요가 없다고 생각한다. 이들에게 시간은 행동의 방향 제시를 위한 틀이 될 뿐 중요하게 생각되지 않고, 게으름을 피워도 편안하게 느끼고 필요한 때만 열심히 일하며, 엉뚱하고 혁신적인 생각과 행동에 대해 수용적이다.[20]

4. 결혼과 가족

아프리카 사회에서는 아이를 하나의 사회적 존재와, 공동체의 일원으로 생각한다. 그 아이를 보호하고, 먹이며, 키우고, 가르쳐서 보다 넓은 공동체와 결합하게 하는 것은 공동체 자체인 것이다.[21]

아이들은 유아기를 벗어나서 육체적, 사회적, 종교적으로 성인의 단계로 진입해야 한다. 대부분의 아프리카인들은 이 커다란 변화를 나타내는 제의와 의례를 수행하는 관습을 가지고 있다. 이 통과의례는 단순한 성년식 이상의 영적인 의미가 있다.[22]

아프리카 공동체의 경우 결혼과 아이의 출산은 일체가 되어있다. 아이를 낳지 않으면 결혼은 완성된 것이 아니다. 그러므로 누구나 결혼을 하고, 아이를 낳지 않으면 안 된다. 결혼은 누구에게 있어서나 하나의 종교적 의무이고 책임이다.[23]

5. 종교

널리 알려진 바와 같이 아프리카인들은 지극히 종교적이다. 어떤 부족에서나 그들의 사고방식, 혹은 생활에 가장 커다란 영향을 발휘하는 것은 종교일 것이다. 전통 종교는 삶의 구석구석에 스며들어있기 때문에 성(聖)과 속(俗), 종교적인 것과 비종교적인 것, 삶의 영적인 측면과 물질적인 측면 간의 형식적인 구별이란 존재하지 않는다.

그가 어디에 있든지 아프리카인은 종교를 지니고 있다.[24)

아프리카의 전통 종교는 개인을 위한 것이 아니라 그가 속한 집단을 위한 것이다. 그러므로 전통사회에서 비종교적 인간이란 존재하지 않는다. 인간이 된다는 것은 전체 공동체에 속한다는 의미를 지닌다. 따라서 인간이 되기 위해서는 그 공동체의 신앙과 의식, 제의와 축제에 함께 참여해야 한다. 아프리카인들은 종교 없이는 살 수 없는 사람들이다.[25)

아프리카의 전통 종교는 보편종교가 아니다. 그것은 부족과 민족에 따라 다르다. 각 종교는 그 종교가 생겨난 부족들에게 한정되어 있다. 한 부족의 전통종교를 다른 부족에 포교한다는 것은 있을 수 없는 일이다. 그러나 이주나 부족 간의 결혼, 정복 등에 의해 자연스럽게 한 부족의 종교가 다른 부족으로 확대될 수도 있다. 그러나 전통종교들은 그것을 선교하기 위한 선교사도 없으며, 개인도 자기 종교를 다른 사람들에게 선교하지 않는다.[26)

죽음 후에 삶이 지속되리라는 신앙은 모든 아프리카 사회에서 발견되는 공통적인 현상이다. 그러나 사후의 삶에 대한 신앙이 미래에 대한 희망을 갖게 하지는 않는다. 아프리카인들의 종교적 행위와 신앙의 가장 중요한 관심은 "지금, 이곳에서" 사는 삶이다. 육체적이고 물질적인 삶과 단절된 영적인 복지에 대한 관심은 거의 없다. 이와 같은 사실은 전통 종교에 중요한 요소이다. 왜냐하면 이 같은 사실은 아프리카의 종교성이 이 세상에서의 삶에 집중돼 있으며, 인간이 종교성의 중심에 자리 잡고 있다는 것을 우리로 하여금 이해할 수 있도록 해주기 때문이다.[27]

아프리카의 마을마다 전통의(傳統醫), 영매(靈媒) 등 종교적인 일을 하는 사람들이 있다. 그들은 일반적으로 상당한 영향력을 행사한다. 아프리카인들은 고통이나 질병, 재난이나 사고 등이 모두 신비스럽게 일어난다고 생각한다. 따라서 재난이나 질병과 싸우기 위해서는 그 원인이 밝혀져야 하고, 그래야 그에 대한 대응을 하든지, 그 원인을 근절하든지, 그것을 처벌하든지 할 수 있게 된다. 바로 여기에서 전통의(傳統醫)의 존재가 크게 부각된다. 사람들이 질병이나 재난을 종교적인 경험으로 인식하는 한 전통의(傳統醫)는 계속 존재할 뿐만 아니라 더욱 번창해질 것이다.[28]

카메룬 선교 역사

카메룬 선교역사는 국가의 역사와 밀접한 관련이 있으며, 그 정치적 역사는 크게 유럽의 식민 세력인 영국, 독일, 프랑스에 의해 결정되었다. 카메룬이란 이름은 1472년 포르투갈 탐험가들이 우리(Wou-ri) 강 입구에 도착하여 수많은 새우 떼를 보고 놀라 cameroes(새우들의 강)이라 부른 데서 연유하였다. 그 이름을 영국은 Cameroon, 프랑스는 Cameroun, 독일은 Kamerun으로 불렀다.[29]

1. 자메이카 침례교 선교회
(Jamaica Baptist Missionary Society: 1842-1852)

카메룬 최초의 기독교 선교회는 자메이카 침례교 선교회였다. 이 선교회는 1842년 카리브해의 자메이카에 설립되었고, 1841년-1852년 동안 여러 사람을 카메룬으로 보냈다. 첫 번째 선교사들은 해방된 노예들이었다. 그들은 노예해방 운동 중에 자신들의 뿌리인 아프리카에 선교하려는 충동을 가지게 되었다. 선교회는 1841년에 클락(John Clarke) 목사와 프린스(Georges Prince) 박사를 선교지 정탐을 위해 보냈다. 그들은 페르난도-포(Fernando-Poo: cameroon 해안 밖, 현재 적도 기니 영토)에 멈췄다. 그곳에서 카메룬을 방문하여 복음을 받을 준비가 된 영혼들을 발견하게 되었고 그 감격을 자메이카와 그들과 깊은 관계가 있는 영국에 알렸다. 1842년에 "구스인은 하나님을 향해 손을 든다"(시 68:31)를 구호로 여러 선교 팀들이 자메이카에서 아프리카로 출발했다. 그들은 페르난도-포에 도착하여 지체 없이 아보카와 망고 나무를 심고 파인애플을 경작하였다. 그곳에서 그들은 영국 선교사들을 만났는데, 그들 중엔 1843년에 도착한 메릭(Joseph Merrick)이 있었다. 메릭은 런던 침례교선교회(BMS) 50주년 행사에서 아프리카 선교사역을 간증했고, 그 때 사커(Alfred Saker)가 선교사로 헌신했다. 이렇게 하여 두 개의 침례교 선교회(자메이카와 영국)가 함께 아프리카 선교에 나서게 되었다. 그러나 아프리카가 뿌리인 많은 자메이카인들은 그들을 멸시하는 분위기에 낙심하였고 다른 사람들도 자메이카로 돌아가는 바람에 자메이카 선교회는 1852년에 문을 닫았다. 그리고 남은 자들은 영국 선교사들과 합류하였다. 메릭, 풀러, 피녹(Pinnock), 리차드슨(Richardson)은 모두 자메이카인으로서, 이후로 카메룬 선교에 주도적인 인물들이 되었고 카메룬의 초창기 목사들도 자메이카인들 이었다.[30]

2. 영국 침례교 선교회
(English Baptist Missionary Society: 1845-1886)

영국 침례교 선교회는 1845년에 카메룬 사역을 시작하게 되었는데 그 기원은 매우 특이했다. 침례교 선교회는 1814년부터 카리브해의 자메이카에서 사역을 시작했다. 그곳 자메이카의 옛 노예 출신 기독교인들은 자신들의 뿌리인 아프리카를 복음화하자는 생각을 갖게 되었다. 자메이카인들은 런던의 선교부와 협력하여, 영국인들에 의해 노예무역이 관장되던 페르난도-포로 가는 배에 올랐다. 그들은 1841년부터 1844년까지 여러 팀으로 페르난도-포에 도착하였다. 그들 중에는 흑인 목사인 메릭(Joseph Merrick)과 풀러(Alexandre Fuller), 그리고 영국 선교사인 프린스(Dr Prince)와 알프레드 사커(Alfred Saker)가 있었다.[31]

메릭은 카메룬 선교사역의 기초를 놓은 자였다. 그는 당시 가장 잘 훈련받은 선교사로서 좋은 신학자일 뿐만 아니라, 훌륭한 저널리스트요, 숙련된 인쇄공이며 인류학과 언어학 교사였다. 그러나 고된 사역으로 인해 탈진된 그는 1848년 휴가차 급히 영국으로 돌아가던 도중 배 안에서 사망했다. 그러나 노예 상태로부터의 자유를 선포한 그의 메시지는 흑인과 백인을 망라한 그의 후계자들을 통해 전수되었다. 그는 아프리카 비관주의(Afro-pessimism)에 대항하여 싸운 선구자라 할 수 있다. 풀러(Alexsandre Fuller)의 아들인 청년 풀러(Joseph Jackson Fuller)는 메릭으로부터 목회 훈련을 받았고, 메릭이 세상을 떠난 후 그가 목회하던 교회의 책임을 맡았다. 그는 1859년에 사커에 의해 목사 안수를 받았다.[32]

사커는 1814년 영국의 켄트(Kent)에서 개신교 농부의 아들로 태어났다. 그는 선교운동에 자신을 헌신하여 자메이카행 배를 탔다. 그는 1841년부터 카메룬 해안을 방문하기 시작하였고, 1844년 2월

16일 페르난도-포에 다시 도착하였다. 사커는 1845년 6월 10일 두알라(Douala)에 상륙하여 6월 22일 그곳에서 첫 예배를 드렸다. 다음 날인 6월 23일에는 20명의 학생으로 첫 학교를 열었다.[33]

아크와(Akwa) 왕은 사커에게 벧엘(Bethel)이라 명명된 집을 주어 살게 했다. 사커는 두알라 추장들에게 매우 좋은 영향력을 행사하였으며 노예제도와 제사를 위한 살인과 맞서 싸웠다. 그는 종종 매우 위험한 상황에 처하기도 했으나 결코 하나님의 사자로서의 역할을 포기하지 않았다. 그의 목표는 매우 컸다. 그는 영혼 구원뿐만 아니라 사회, 경제적 상황에도 깊은 관심을 가졌다. 그는 카메룬에 많은 과일나무들을 가져오고 다양한 기술들을 가르쳤다. 그러나 그의 주된 사역은 교회를 설립하고 신구약 성경을 두알라 언어로 번역하는 것이었다. 4년 후인 1849년 11월 8일, 그는 첫 세례를 베풀었으며 두알라(Douala)어를 배우고 성경을 번역하기 시작하여 1848년에 마태복음을, 1862년에 신약, 그리고 1872년에 구약을 완역하였다.[34]

하지만 사커는 동료 선교사들과 자녀의 죽음, 그리고 원주민들의 박해와 질병 등으로 시달리며 극도로 탈진되어, 1876년 33년간의 사역을 끝으로 아프리카를 떠나 영국으로 돌아가야만 했다. 그 후 4년 뒤인 1880년 3월 13일 사커는 생애를 마감했다. 그는 항상 '아프리카 선교사'로 기억되기만을 소원했다.[35] 리빙스턴(David Livingstone)은 "사커는 서부 아프리카 해안의 가장 주목할 만한 선교사였다"라고 평가했다.[36)]

1884년 카메룬을 점령한 독일은 계속해서 이곳에 영향을 미쳐온 영국에 맞서기 시작하였고, 따라서 영국 침례교 선교회는 어려움을 겪게 되었다. 마침 콩고(Congo)에 복음전도의 문이 활짝 열리게 되자, 1878년부터 이미 콩고에서 일해오던 침례교 선교회는 콩고에 주력하기 위해서 카메룬을 다른 선교부에 이양하기 원했다. 카메룬을 독일 선교부에 이양하기 위한 교섭이 시작되었고, 마침내 1886년 12월 침례교선교회는 바젤선교회(Basel Mission: 독일 슈투트가르트와 스위스 바젤에 기반을 둔 장로교 선교회)에 선교회의 사역과 재산을 이양했다.

3. 바젤 선교회(Basel Mission: 1886-1915)

1886년 12월 23일, 네 명의 바젤 선교회 선교사가 두알라에 상륙했다. 그런데 그 중 한 명인 베쳐(F. Becher) 목사는 도착한 지 4일 만에 심한 말라리아의 희생자가 되었다.[37)]

카메룬 침례 교인의 다수는 바젤 선교회의 권위를 인정하지 않았다. 바젤 선교회 선교사들이 도착하자마자 총책임자인 뮨츠(G. Munz) 선교사와, 디분두(Diboundou) 목사 및 세 장로들 사이에 긴장이 표출되었다. 결정적인 결별은 1888년 3월 18일에 두알라에서 일어났다.[38] 드디어 1888년 3월에 두알라를 시작으로, 1889년 5월에는 빅토리아가 그 분열의 대열에 합류하게 되었다. 두알라 침례교인들은 독일 침례교(베를린 선교회)에 도움을 요청했고, 독일 침례교의 첫 선교사들이 1891년 두알라에 도착하게 되었다.[39]

바젤 선교회의 첫 번째 카메룬 목사인 데이볼(J. Deibol)은 1901년에 목사 안수를 받았고, 세 명의 다른 동료들인 에콜로(J. Ekollo), 쿠오(J. Kuo) 그리고 모디(Modi Din)는 1912년에 목사 안수를 받았다. 제1차 세계대전이 일어날 당시 바젤선교회에는 404곳의 예배처와 선교사 107명, 카메룬인 사역자 370명, 교인 15,112명, 학교 재학생 22,818명이 있었다. 하지만 제1차 세계대전으로 인해 바젤 선교사들은 쫓겨났고, 두알라에서 파리 복음 선교회(la mission évangélique de Paris)에 의해 대체되었다. 그러나 영어권 지역에는 1924년 재입국이 허락되었다.[40]

교회가 그토록 빠르게 성장한 것은 복음 증거뿐 아니라, 무엇보다도 바젤 선교회가 조직적인 수고와 학원 사역에 집중한 결과이기도 했다. 이 사역이 정말 선교적이었던 점은, 침례교와 가톨릭 선교부가 정부 보조를 받기 위해 독일어로만 가르쳤던 반면, 바젤 선교회는 대부분 토착 언어로 가르쳤기 때문이었다.[41]

바젤 선교회는 카메룬 교회를 파리 복음 선교회에 이양하면서 동부 카메룬에 선교사들을 보내는 것을 중단했다. 그동안에 프랑스 선교사들과 특히 모디 목사가 이 지역을 관리했다.[42] 1923년 5월 바젤 선교회는 파리 복음 선교회의 그늘 아래 스위스 국적을 가진 세 명의 선교사들을 영어권 서부 카메룬으로 파송하도록 허락받았고, 1924년 11월부터 그 모든 사역을 재개하게 되었다.

선교 단체는 한동안 버려진 사역의 조직을 정비하지 않을 수 없었다. 처음부터 그들은 세 교회(복음교회, 침례교회, 자생교회)를 연합하려고 노력했으나 실패하였다. 그럼에도 파리 선교회는 복음교회(Eglise Evangélique)와 동시에 연합 침례교회(Eglises Baptistes Unies)에도 계속 선교사를 파송하였다.[43]

1939년-1945년의 전쟁 기간 동안 독일 선교사들은 사역지에서 제거되었고 스위스 선교사들이 10명의 카메룬 목사들과 함께 사역을 계속하였다. 바젤선교회는 카메룬 선교 70년 만인 1957년 11월 13일 서부 카메룬 장로교회(The Presbyterian Church in West Cameroon)에 독립을 허용했다. 바젤선교회의 학원 사역은 1966년에, 그 외 모든 책임들은 1968년에 서부 카메룬 장로교회로 이양되었다.[44]

4. 독일침례교선교회 (1892-1919)

원주민 침례교인들은 유럽 침례교 선교사를 원했다. 독일 베를린의 침례교는 이 사실을 알고 카메룬에 갈 선교사를 찾던 중, 1891년 3월 27일에 독일계 미국인 침례교 선교사인 스테펜(August Steffen) 부부를 카메룬 선교사로 임명했다. 스테펜은 1886년 영국 침례교가 떠난 후 처음으로 파견된 침례교 선교사였으며 그를 시작으로 124명의 선교사가 카메룬에 파송되었다.

첫 선교사들인 스테펜 부부는 1892년 12월 8일 빅토리아에, 12월 21일에는 두알라에 도착했다. 스테펜은 카메룬 침례교인들의 열렬한 환영을 받았고 1년 만에 376명에게 세례를 주는 놀라운 역사를 이루었다. 그들은 보나렘베(Bonalembé) 선교기지인 "새 벧엘"을 세웠다. 그들이 도착했을 무렵, 침례교회에는 400명의 신자와 600명의 학생들이 있었다. 스테펜은 도착 18개월 만인 1893년 7월 4일 말라리아로 숨을 거두었다. 그러나 그의 죽음 후, 많은 선교사들이 독일과 미국으로부터 왔다. 그의 절친한 친구이며 로체스터 침례교신학교(Rochester Baptist Theological Seminary) 동기인 쉬베른(Emil Suivern)이 카메룬에 왔고, 1895년엔 다른 신학교 동기인 피터(Peter Wedel)가 왔다. 엔(Heinrich Enns) 부부도 왔으나, 엔 선교사는 수 주 만에 말라리아로 죽었고, 그 아내도 일 년 후 말라

리아로 남편을 따랐다. 이 용기 있는 선교사들이 하나 둘 죽어갔음에
도 불구하고 계속해서 다른 선교사들이 독일과 미국에서 와 그들의
빈자리를 채웠다. 이처럼 새로운 선교사들의 활동으로 사역은 크게
성장해갔으나 한 가지 문제가 생겼다. 빅토리아 지역 침례 교인들의
다수가 영국을 선호했으므로 결국 1898년에 독일 침례교 선교사들
과 빅토리아 침례 교인들은 갈라서게 되었다.[45]

   독일침례교선교회가 사역하는 시기에 침례교회에 분열이 일어났
는데, 그것은 선교사 대표인 쉬베른과, 현지인 지도자인 디분두 사이
의 권위에 관한 불화로부터 온 것이었다. 디분두는 독일 선교사들을
자신이 초청했으므로 선교사들의 모든 결정에 대해 알기를 원했다.
상호 이해가 불가능해지자, 독일 선교사들은 새 벧엘 교회를 포기하
고 새 성전을 지었다. 이 성전이 "백인의 침례교회" 센터라고 명명
된 반면에 "새 벧엘"은 "백성들의 침례교회" 센터라고 불렸다. 1908
년에 안수 받은 로탱(Adolph Lotin) 목사는 백인 침례교회에 남았
다.[46]

   5. 파리 복음 선교회

   (Les Missions Evangélique de Paris: 1917-1957)

   제1차 세계대전으로 모든 독일 선교사는 카메룬을 떠나야 했

고 침례교 선교회에는 독일 국적이 아닌 두 선교사만 남았다. 로드(Rhode) 목사는 1917년까지, 벤더(Bender) 목사는 1919년까지 사역했다. 1917년 2월에는 파리 복음 선교회로부터 알레그레(Elie Allégret), 베르그레(Bergret), 웨스너(Oechsner) 목사들이 두알라에 도착했다.[47]

1917년 파리 복음 선교회 선교사들은 카메룬에 도착하자마자 두 개의 침례교 그룹(백인 침례교와 백성들 침례교)과 만났다. 1917년 10월 초에 침례교회 회의가 소집되었고 이 회의 결과로 파리 복음 선교회의 초교파적인 후견을 받는 연합협약이 이루어졌다. 연합체의 이름은 카메룬 연합 침례교회(Eglises Baptistes Unies du Cameroun)였다.[48] 그 협약의 내용은 다음과 같다.

(1) 교회는 재정적인 자립을 해야 한다. 목사나 전도사들의 어떤 보수도 선교회로부터 기대하지 말라. 교회 유지를 위한 모든 비용은 교회가 부담해야 한다.

(2) 일부다처제는 교회에 허용되지 않는다. 부인이 집안의 종으로 간주되면 안 된다. 부인은 존경받을 권리가 있다.

(3) 전도사들을 훈련하기 위한 성경학교를 열고, 초등학교를 다시 연다.

(4) 선교회와 교회는 협력한다. 선교사들과 목사들은 다양한 관할 지에서 사역을 서로 분배한다. 교회를 이끌기 위해 카메룬 목

사들과 선교사들로 구성된 교구 위원회를 임명한다.[49]

1931년 카메룬 연합 침례교회 내에 분열이 일어났다. 그 해는 로
탱 목사가 상업적인 직업으로 인해 제명당한 해였다. 이로 인해 로
탱은 토착 침례교회 혹은 카메룬 침례 연합(Union Baptiste Cam-
erounaise)을 창설했고, 거의 모든 두알라 침례 교인들이 로탱을 따
랐다. 이 분열의 진정한 동기는 무엇인가? 로탱은 선교사들의 영향
과 유럽 신학적 표현의 압력에 저항했다. 그는 교리 면에서 유아세례
를 받아들이지 않았으며 회심한 일부다처주의자에게는 세례와 성찬
을 허용했다. 로탱은 대단한 웅변가였고 두알라 사람들에게 매우 존
경을 받았다.[50]

카메룬 침례교 연합(l'Union des Eglises Baptistes du Cam-
eroun)은 1957년 3월 10일에 그 자립을 시작한 때부터, 카메룬 복
음교회와 함께 모든 사회사업을 지도하기 위한 연합조직을 만들었
다. 이 조직은 카메룬 침례복음회(Conseil des Eglises Baptistes
et Evangéliques du Cameroun)라 불렸고, 그 의장은 총회장들이
돌아가며 맡았다.[51]

로탱은 예전 분야에서 많은 독창성을 보여주었다. 미국 흑인들의
예전에 감동받아 두알라 사람들의 정서에 맞는 종교 음악들을 작곡
하기 시작하였다. 또한 그는 성경 묵상과 함께 놀라운 확신으로 설교

를 했을 뿐만 아니라 설교를 통해 정치 분야를 언급하기도 했다. 그는 아프리카를 백인들에게서 해방 시키려는 미국 흑인들의 지도자 가비 (Marc Garvey)와 관계를 맺었다. 로탱은 프랑스 통치 시대에 첫 번째 민족주의자라 할 수 있을 것이다.[52]

파리선교회는 둥구에(Ndoungué) 선교 기지(1911년 바젤선교회에 의해 세워짐)를 다시 열었다. 그곳에는 성경학교, 사범학교, 인쇄소, 직업훈련소, 병원, 그리고 목회자 학교(두알라 언어로 강의를 했고, 1947년에 신학교가 되었음)가 세워졌다. 이 목회자 학교는 처음부터 전도사, 전도자, 주일학교 교사들을 훈련시켜 좋은 결과를 보았다. 또한 가봉(Gabon)과 토고(Togo) 학생들도 받아들였는데 그들 중 많은 학생들이(Kotto, Kuotou, Njiké 목사 등) 프랑스와 스위스에 가서 신학 학사학위를 받았다. 이 학교는 이처럼 카메룬 복음교회와 카메룬 침례교 연합의 자립을 위한 준비에 기여하게 되었고 1957년에 자립이 선포되었다.[53]

교회의 독립을 주장하려는 생각이 코토(Kotto) 목사와 말로(Mallo) 목사, 그리고 봉조(Mbondjo) 목사의 마음에 일어났다. 1953년부터 교회의 설립, 자립, 징계, 사역 계획, 그리고 소명에 관한 논의를 위한 모임이 둥구에서 열렸다. 1956년부터는 자립에 관한 의식이 모든 목사들과 장로들을 사로잡았다. 이에 따라 1956년 8월 1-3

일에 품반에서 열렸던 전체 교구 위원회(la Commission Synodale Générale) 때에 공식적으로 요청서가 작성되었고, 파리 복음 선교회 위원장에게 전달되었다. 마침내 그때로부터 6개월 후인 1957년 3월 10일에 두알라의 100주년 성전에서 드려진 장엄한 예배 가운데 카메룬 복음교회가 탄생했다. 그뿐만 아니라 같은 날 카메룬 침례교회와 복음교회 위원회가 학원, 의료 및 사회 부분에 기독교인이 관여하기 위한 연합기구로 설립되었다.[54]

6. 미국장로교 선교회
(Mission Prebytérienne Américaine: 1885-1957)

1832년에 미국장로교 선교회 선교사들이 해방된 아프리카 노예들의 귀국에 맞춰 라이베리아(Liberia)로 갔고, 1842년에 가봉(Gabon)으로 사역지를 옮겼으며, 1850년에는 두 선교사(James L. Mackey & Georges W. Simpson)가 코리스코(Corisco: Rio Muni) 섬에 정착했다. 그곳에서의 전도사역은 성공적이어서 1866년에 그 섬으로부터 고넬리우스(Cornelius de Heer)와 클레멘스(William Clemens) 선교사가 배를 타고 카메룬으로 가게 되었다. 크리비(Kribi) 근처의 바탕가(Batanga)에 도착한 그들은 기독교 교육을 받기 원하는 젊은 소년 소녀들의 뜨거운 환영을 받았으며 소년들은 코리스코의 학교로, 소녀들은 베니또(Benito, 적도기니)의 학

교로 보냈다.[55]

교육을 받은 후 바탕가로 돌아간 이 카메룬 청소년들은 1879년에 그곳에서 교회를 시작했다. 그들 중 무삼바니(Eduma Musambani)는 바탕가 최초의 기독교인으로 1903년 목사 안수를 받았다. 이 젊은이들은 핍박에도 불구하고 충성되게 교회를 섬겼다. 이미 1842년부터 이웃나라 가봉에서 30년째 일해 온 미국장로교 선교회가 1885년 카메룬에 왔고, 1889년에는 브리에(Brier) 목사 부부가 바탕가에 와서 정착하였다. 1889년 4월에 바탕가 교회가 카메룬 남부 해변 최초의 교회로 봉헌되었다. 그러나 겨우 일 년 후에 브리에 선교사는 죽어 바탕가에 묻혔다.[56]

1892년에 장로교 선교회는 선교지 정탐을 위하여 굿(Adolphus Good) 박사를 카메룬에 보냈고, 그는 불루 지역을 여러 차례 여행한 후 1893년에 에풀랑(Efoulen)에 정착했으나 1894년 12월 13일에 말라리아로 죽었다.[57] 굿 목사는 흑인들을 통제하기 위하여 흑인 목사안수를 반대하고, 그 주변에 다른 사람들을 두지 않는 사람으로 선교사들에게 기억되고 있다. 그는 설교자, 탐험가, 치과의사, 판사, 상담가로서 전천후 활동을 하였다. 그는 불루어 문법을 만들었고 신약 전체를 불루어로 번역하여 불루 사람들에 의해 '고토 잠브'(Ngoto Zambe, 선한 불루의 신)란 전설적인 인물이 되었다.[58]

언어소통 문제, 온갖 질병, 부족 간의 내전 등 당시의 수많은 어려움에도 불구하고 많은 선교사들이 도착했고 교회들이 많이 세워졌다. 선교사들은 3-4년에 걸쳐 4단계의 세례 교육을 실시했다. 첫째 단계는 불루어로 '도보'(Ndobo, 흰 천)라 불렀다. 그것은 선교사들이 알파벳을 가르치기 위해 나무나 상자로 큰 글자를 만들어 흰 천 위에 고정했기 때문이었다. 둘째 단계는 '에바스까'(Ebasca, 추가 노트)라 불렀다. 학생들은 단락을 쓰고 성경 구절을 외우는 것을 배웠다. 셋째 단계는 '쌈바'(Nsamba, 줄 선 세례 대상자들)였다. 여기서 전체 복습을 하였고, 이 성경 교육을 받은 자들은 마지막 단계인 '봉'(Mvon, 세례교인)으로 보내졌다.[59)]

1920년에는 호트-사나가(Haute-Sanaga: Bassa) 지역이 파리 복음 선교회에서 미국장로교 선교회로 이양되었다. 이 지역은 이미 1917년에 바젤선교회에서 파리선교회로 이양되었으며, 또 다시 미국장로교 선교회로 이양된 것이었다. 그러나 바젤선교회 당시부터 사역해온 쿠오(Joseph Kuoh) 목사는 자신의 반대를 무시하고 상의도 없이 결정된 선교회의 결정을 거부하고 두알라 인근에 파리선교회 소속으로 남았다.[60)]

1921년 모든 목사들은 비비아(Bibia)에 세워진 성경학교에서 교육을 받았다. 1941년에 장로교 선교회에는 안수 받은 목사가 41명이었고, 1946년에는 목사들을 더 많이 공부시키기 위해서 외국(미국, 프랑스, 스위스)에 보내기로 결정했다. 1941년부터 선교사들은 선교기지와 사회사업을 담당한 반면에, 아프리카 목사들은 전도와 교회 사역을 담당했다. 이 상황이 선교사들과 아프리카인들 사이에 불화를 조장하게 했으나 이것으로 복음 전파가 방해되지는 않았다. 비록 불루 인구의 많은 수가 가톨릭으로 개종했으나 1957년에 장로교 선교부는 69,000명의 신자와 79명의 목사를 가졌다. 에원도(Ewondo) 말을 사용하지 않은 것이 이 지역에서 장로교 영향력을 감소시키고, 가톨릭의 팽창을 도운 것은 아닌가 하는 의문이 있다.[61]

1934년 미국장로교 선교회에서 언어 문제로 분열이 있었다. 그것은 굼바(Ngumba) 마을의 기독교인들이 선교사들의 옛 약속에 근거하여 성경을 그들의 언어로 번역해달라고 요청한 것이었다. 분열운동의 책임자인 밤바(Martin Bamba) 목사는 굼바 마을의 첫 번째 목사였는데 2,000명의 성도와 2명의 견습 목사가 그를 따랐다. 이 분열된 교회의 첫 이름이었던 토착 개신교회(Eglise Pretestante Aucochtone)는 후에 아프리카 개신교회(Eglise Protestente Africaine, E.P.A.)로 바뀌었다.[62] 후에 미국장로교 선교회는 그 북부 사역지 가운데 요꼬(Yoko) 지역은 노르웨이 침례교 선교회에, 베따르오야(Betare-Oya)지역은 미국 침례교선교회에 이양했다.[63]

장로교 선교사들은 카메룬 남부, 중부, 동부 사람들에게 종교적,

사회적, 문화적으로 큰 영향력을 행사했다. 이 영향력은 카메룬 사람들에게 반감을 샀으며 갈수록 선교회는 카메룬 사람들 중에 지배적이고, 외래적인 힘으로 인식되었다. 1957년의 교회 독립(카메룬 장로교회: Eglise Prestérienne Camerounaise)은 선교사들의 강요에 대한 자유의 행동이었다.[64]

카메룬 장로교회의 초대 총무는 아보모(Akoa Abomo) 목사였으며 그는 선교회가 교회로 이양되는 과정에서 중개인 역할을 하였다. 그는 어머니 교회인 미국교회의 헌법을 모델로 하여 카메룬 장로교회 헌법을 만들었으나, 개 교회에 어느 정도 자립은 주었다. 그는 국수주의자로서 선교사들과 몇몇 카메룬 목사들의 반발로 임기를 다 마치지 못했고 1962년 사임한 후 자신의 언어인 베티(에운도)어로 신약을 번역했다. 그는 이 지역이 가톨릭에 넘어간 것은 중남부 지역의 10만 인구가 사용하는 베티어로 성경을 번역하지 않았기 때문이라고 선교사들을 비난하였다.[65]

1967년 1월에 카메룬 장로교회는 엘라 총회 중에 분열의 고통을 경험했다. 몇몇 목사와 장로들이 총회를 떠나 '반 에큐메닉, 반 합동인 최초의 장로교회'(Eglise Presbytérienne Initiale anti - oecuménique, anti-fusionniste)라는 교단을 만들었다. 그들은 카메룬 장로교회가 교회 통합기구에 가입하는 것과 연합 신학교를

만드는 것에 항의하고, 카메룬 개신교회의 연합을 연구하는 계획에 반대하였다.[66]

이들은 '제일 장로교회'(Eglise Presbytérienne Initiale: EPI)를 만들었고, 이 교단은 1970년에 '카메룬 정통 개신교회'(Eglise Protestante Camerounaise Orthodoxe)란 이름으로 정부 인가를 받았다.[67]

7. 루터교선교회(1920-)

카메룬에는 1920년에 미국 루터교선교회가, 1925년에 노르웨이 루터교선교회가 사역을 시작했으며, 이 두 선교회는 1975년에 하나의 선교부로 통합되었다.

(1) 형제 루터교선교회
(La Mission Fraternelle Luthérienne)

북부 카메룬 전도는 1920년에 시작되었다. 그 해는 레이븐(Revne)과 카르달(Kaardal)이 미국 형제 루터교회 파송으로 도착한 해였다. 그들은 먼저 수단 연합선교회(la Mission Unie de Sudan) 소속으로 나이지리아 북부에서 사역을 시작하였는데, 사역이 여의치 않아 이웃인 북부 카메룬으로 왔으나 역시 쉽지 않았다. 그들은 우선 프랑스 정부가 키르디(Kirdi)인들에게 전도하는 것을 허락

할 때까지 3년을 기다려야만 했다. 1923년이 되어서야 그들은 가루아(Garoua)에 정착할 수 있었다.[68]

형제 루터교선교회는 베누에(Bénoué) 강이 흐르는 세 지역인 마요-케이(Mayo-Kéhi), 케비(Kébi), 그리고 차드 호(Lac Tchad)에서 가까운 로곤(Logone)에서 사역을 시작하였다. 그들은 원주민들을 만나기 위해 카누를 타고 강들을 오르내리려야만 했다. 이들의 사역은 실로 어려웠다. 그들의 부인들은 북부 카메룬에 온 첫 백인 여자들이었고, 그들이 후에 가져온 포드 자동차는 북부의 첫 자동차였다. 그들은 인내로 아프리카 언어들을 배웠고 그것들을 유럽 알파벳으로 쓰게 되었으며, 신약성경을 여러 현지어로 번역하게 되었다. 처음에 온 두 선교사는 40년 이상 카메룬에서 전도하고, 새 신자들을 훈련하였다. 그 사역의 열매로 카메룬 형제 루터교회(l'Eglise Fraternelle lutérienne du Cameroun)가 탄생하였다.[69]

형제 루터교 선교회는 "하늘의 영광을 준비하기 위해 이 땅에서 가난하라"라는 원칙을 따라 모든 사회적, 교육적인 활동을 거부하였다. 이 원칙은 당연히 선교사역에 장애가 되었고 사역 분위기에 영향을 끼쳤다. 선교사들은 현지 사역자들이 마치 자격 없는 것처럼 맡겨진 교회 일에만 충성할 것을 강요하였고 1969년에 정부 인가를 받은 카메룬 형제 루터교회의 멤버가 되는 것도 거부하였다. 그뿐만 아니라 선교회는 교회가 영구적이고 공식적인 조직을 갖추게 만들지 않았다. 선교회는 교회가 악마적인 에큐메니즘의 영향을 받을 것을 염려하여 세계 루터교연합에 가입하는 것조차 거부하였다. 결국 1997년에 형제 루터교회에서 온 마지막 선교사가 카메룬을 떠났다. 그러나 다행하게도 미국 형제 루터교회는 독립한 교회를 여러모로 도우며 관계를 지속하고 있다.[70]

(2) 수단 루터교선교회
(La Mission Luthérienne Américaine de Sudan)

1923년 3월 가운데리(Ngaoundéré)로 가기 위한 4명의 선교사 팀이 두알라에 상륙했다. 그들은 44일 만의 힘든 여행 끝에 가운데리에 도착했다. 대표인 군데슨(E. E. Gunderson)은 1912년-1916년 나이지리아 북부에서 수단 내지선교회(SIM) 소속으로 일한 경험이 있었으며, 수단선교회 또는 군데슨 선교회를 창립하였다. 1951년 군데슨이 죽은 후 수단선교회는 미국루터교선교회에 합병되었다.[71]

(3) 노르웨이 루터교선교회
(La Mission Luthérienne Norvégienne)

1916년에 노르웨이 내지 선교회 지도자들은 노르웨이 밖의 선교지를 찾자는 생각을 품게 되었다. 1920년에 그들은 이 계획을 구체화하기 위하여 노르웨이 루터교선교회(La Mission Luthérienne

Norvégienne)를 설립하였고 내지선교회는 그 후원을 맡기로 하였다. 니콜레슨(Jens Nikolaisen), 트라나(Johannes Thrana), 프라트랑(Karl Flatland), 오스랑(Sverre Oseland) 네 명으로 구성된 팀은 수단을 거치는 긴 여행 끝에 1925년 3월 6일 가운데리에 도착했다. 가루아의 도지사는 니콜레슨에게 가루아에서의 사역을 금하는 대신에 아다마와(Adamaoua) 지역의 사역을 허용했다. 1926년에 오스랑은 가운데리에, 프라트랑은 티바티(Tibati)에 정착했다. 트라나는 1934년에 이 지역에서 가장 오래된 성전을 가운데리에 지었다.[72]

노르웨이선교회는 옛 미국 장로교회 선교지인 바부테(Babouté)와 요꼬(Yoko)로 확장하였다. 그리고 1914년에는 예전에 독일 침례교선교회가 시작했고 파리선교회가 책임을 졌던, 티카(Tikar)와 맘비라(Mambila) 지역으로 확장하였다. 이로 인해 새로운 선교회의 미래 사역지를 정해야 하는 불가피한 상황에 놓이게 되었다. 1937년에 열린 파리선교회 선교사 컨퍼런스에서 티카 지역을 노르웨이 선교회가 맡기로 결정하였다. 이 지역은 전에 미국 장로교선교회에 의해 훈련받은 현지인 동역자들의 도움으로 복음이 전파되어갔다. 또한 노르웨이 선교회는 의료사역을 통해 모슬렘들의 호감을 샀다.[73]

(4) 카메룬 복음루터교회

(l'Eglise Evangélique Luthérienne du Cameroun)

1960년 두 개의 루터교선교회(미국과 노르웨이)는 한 개의 공동
교회 즉 카메룬 복음루터교회(l'Eglise Evangélique Luthérienne
du Cameroun)를 창립하기로 동의했다. 그러나 이 공동교회와 두
선교회 간에는 새로운 조직 속에 그들의 사역을 융화하기 위하여 조
정하는 데만 15년이 걸렸다. 1975년에 두 교회 합동 조인식을 가졌
다. 그때 이후로 선교사들은 더 이상 지도자로 행동하지 않고 교회의
여러 사역에 동역자가 되었다. 이렇게 함으로 노르웨이 편과 미국 편
의 구별도 점차 사라지게 되었다. 그렇지만 이 자립은 부분적인 것이
다. 왜냐하면 선교회들은 사회사업을 지속적으로 이끌 권한을 갖기
때문이다. 그러나 전도에 관한 모든 것은 교회의 몫이다.[74]

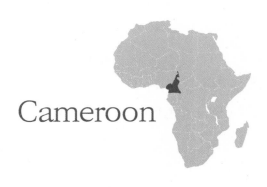

Cameroon

3장
성경적 리더십과
아프리카 리더십

성경적 리더십

1. 리더십의 정의

리더십이란 무엇인가? 오스왈드 샌더스는 "리더십이란 영향력, 즉 한 사람이 다른 사람들에게 영향을 미치는 능력이다"라고 정의했다. 미국 풀러 신학교의 로버트 클린턴(Robert Clinton)에 의하면 리더란 "하나님의 능력을 받아, 영향을 끼치라는 하나님의 사명을 가지고, 일단의 하나님 백성의 그룹을, 하나님의 뜻대로 나아가게 하는 사람"이다.[75]

맥스웰(John Maxwell)은 "리더십은 결국 영향력이다. 그 이상도 그 이하도 아니다"라고 했다.[76] 리더십은 한 마디로 다른 사람들에게 미치는 영향력이다.

2. 성경에 나타난 리더십

성경에 나타난 리더십의 실례 가운데 리더십 연구 대상으로 가장 많이 손꼽히는 사람은 느헤미야이다. 그러면 느헤미야의 리더십 원리는 무엇인가? 첫째로, 비전이다. 그는 예루살렘 성을 재건하려는 비전을 품었다(느 2:1-5). 둘째로, 준비이다. 그는 자신의 비전을 실행하기 전에 치밀하게 계획하고, 준비했다(느 2:6-7; 2:12-16; 3장). 셋째로, 섬김이다. 그는 총독의 신분이었으나 백성 위에 군림하지 않고 겸손히 백성을 섬긴 지도자였다(느 4:21-23). 넷째로, 용기이다. 그는 대적들의 음모와 공격과 백성들의 원망에 낙심하지 않고 용기 있게 대처했다(느 2:19-20; 4:16-17; 5장). 다섯째로, 기도이다. 그는 문제가 있을 때마다 하나님께 기도함으로 문제를 해결하였다(느 1:5-11; 2:4; 4:4-5; 5:19; 6:9,14; 13:14,22,31). 여섯째는 희생이다. 느헤미야는 총독으로서의 당연한 권리를 포기하고, 희생적으로 일했다(느 5:14-16). 일곱째는 위임이다. 그는 혼자 모든 일을 하려고 하지 않고, 다른 지도자들을 세워 그들에게 일을 맡겼다(느 3장; 13:10-31; 8:1-9).[77]

다음으로 신약의 대표적인 인물인 바울의 리더십에 대한 로버트 클린턴의 분석을 명성훈은 다음과 같이 정리하였다.

첫째로, 사도적 스타일이다(롬 1:1, 고전 1:1, 갈 1:1, 살전 2:6). 흔히 말하는 카리스마적 지도자로서 직접적으로 명령하고, 지시하는 지도자이다. 둘째로, 대처 스타일이다. 어떤 어려운 문제라도 피하지 않고 직접 해결하려는 리더십이다. 셋째로, 아버지 스타일이다(고전 4:14-15). 아버지형 지도자는 사도형 지도자와 관련이 있으나 단순히 권위를 행사하는 것이 아니라 사랑으로 힘쓰는 해산의 수고를 아끼지 않는 지도자이다. 영적 지도자의 최대 관심은 영적 자녀의 출생(구원)과 건전한 성장(성화)이어야 한다. 넷째로, 설득형 스타일이다(몬 1:14). 설득형 스타일은 지도자와 추종자 사이에 과거로부터 구축되어왔던 의리 혹은 신뢰관계를 생각하여 추종자가 억지로가 아닌 자의로 지도자의 지시를 따르도록 하는 리더십이다. 다섯째로, 보호자 스타일이다(살전 2:10-11). 보호자형 리더십은 마치 부모가 자녀를 돌보듯 추종자들의 생활을 책임지고 보호해주는 목자로서의 지도력을 말한다. 여섯째로, 성숙의 호소 스타일이다. 영적 지도자는 자신이 인생의 무수한 역경을 거쳐 어떻게 성숙되었는가를 보여줌으로써 추종자들이 따를 것을 호소해야 한다. 일곱째로, 유모 스타일이다(살전 2:7-8). 유모형 리더십은 추종자들을 돌본다는 점에서 아버지형 리더십과 유사하다. 그러나 아버지형 지도자는 부모가 자녀를 보호한다는 점이 강조되는 반면, 유모형 지도자는 먹이고 입히는 양육에 자신을 희생하기까지 전념한다는 점에서 차이가 있다. 여덟째로,

모방의 스타일이다(빌 4:9; 딤후 3:10-11). 바울 자신의 인격과 사역은 그를 따르는 추종자들에게 모델이 될 수 있었다. 모방이야말로 지도자가 추종자에게 영향을 미칠 수 있는 가장 강력한 수단 중 하나이다. 아홉째로, 상호 일치 스타일이다. 특별한 성령의 간섭이 없는한 그리스도인 지도자는 모든 사람이 한마음 한뜻이 되도록 매사를 결정하는 것이 바람직하다. 열째로, 원인 해결 스타일이다. 대부분의 위기나 문제는 그 근본적인 원인을 해결해야 온전히 극복된다. 바울은 지도자의 싸움이 인간적인 혈과 육의 차원이 아닌 사탄과의 영적인 싸움임을 분명히 알고 일했던 지도자였다.[78]

끝으로 명성훈은 성경에서 가장 중요하게 가르치는 리더십의 모델은 종(막 10장)과 목자(요 10장)와 청지기(눅 12장)라고 했다.[79]

첫 번째 영적 지도력의 중심사상은 지도적인 권위가 아니라 섬김의 자세이다. 성경적 지도력은 종의 도를 실천하는 지도력이다(요 13:15; 빌 2:5-7; 막 10:45).[80] 섬김의 지도력을 가진 자는 잘 경청하고, 다른 사람과 공감대를 형성할 줄 알며, 남이 필요로 하는 것을 파악하여 상황에 맞게 잘 보살핌으로써 그 지도자와 함께 일할수록 그 안에서 치유의 능력이 나타나고, 함께 일하는 사람의 성장을 위해 노력하며, 공동체를 위해 헌신할 줄 안다.[81] 섬기는 리더십을 위해서는 많은 희생을 지불해야 한다.[82]

성서적 리더십의 두 번째 모델은 목자이다. 세상의 지도자는 보통 그 자신의 유익을 위해 힘쓴다. 그러나 그리스도인 지도자는 추종자들을 위해 목숨을 버릴 정도로 추종자 중심의 리더십을 주장한다. 목자를 위해 양이 존재하는 것이 아니라 양을 위해 목자가 존재하는 것이다.[83]

성서적 리더십의 세 번째 모델은 청지기이다. 성경은 "각각 은사를 받은 대로 하나님의 각양 은혜를 맡은 선한 청지기같이 서로 봉사하라"(벧전 4:10)고 말한다. "각각 은사를 받은 대로"는 청지기의 능력과 한계를 설명한다. 자기가 할 수 있는 분량 안에서 리더십을 행사해야 한다. "서로 봉사하라"는 팀 리더십을 암시한다. 지도자는 영웅이 아니다. 지도자는 서로 혹은 함께 세워주는 자이다. 지도하는 것은 봉사하는 것, 즉 섬기는 것이다.[84]

카메룬 문화에서의 리더십

1. 권위주의

카메룬이 속한 서부 아프리카 지역은 권위주의 지수가 매우 높은 곳이다.[85] 전통적으로 각 부족마다 대 추장이 있고 그 밑에 지역별로 추장들이 있는데, 대 추장은 왕이라 불리기도 한다. 추장들의 권위는 실로 대단하다. 사람들이 추장의 집을 방문할 때는 존경의 표시로 그 집에 들어가는 입구에서부터 신을 벗어야 한다. 그는 많은 부인들을 거느리는데, 각 부족의 영향력이 있는 자들의 딸들과 혼인함으로써 그의 정치적인 영향력을 유지하고, 부족의 전통적인 토템 신앙과 무당들을 이용하여 종교적인 영향력을 행사한다. 그뿐만 아니라 엄청난 부를 가져다주는 거대한 토지와 재산으로 말미암아 그는 경제적으로도 부족에서 가장 부유한 자이다. 이러한 부를 바탕으로 그의 자녀들은 국내외에서 고등교육을 받아 남들보다 앞서갈 수 있는 특권을 누린다. 자연히 추장은 부족민들의 제반 문제에 관하여 조언하고 실질적으로 문제들을 해결할 수 있는 위치에 서게 된다. 각 부족 간의 경쟁이 부족의 존립을 위태롭게 하는 위기 상황을 초래하기도 하는데, 위기 상황에서 부족민들은 부족의 생존을 위하여 추장의 강력한 리더십을 중심으로 뭉칠 수밖에 없는 것이다. 이처럼 카메룬 문화에서 추장은 정치, 종교, 문화, 그리고 일상생활에 이르기까지 부족민들에게 지대한 영향을 끼치는 절대적인 지도자인 것이다.

카메룬인들의 권위에 대한 복종심은 교회 안에서도 예외가 아니다. 교인들은 목사와 사모를 나이와 관계없이 아버지, 어머니라 부른다. 교회 각 기관장의 권위는 대단해서 회장 부재중에는 회원들이 스스로 어떤 결정도 하려고 하지 않는다. 이들은 지시에 따라 일하기를 좋아하고, '선의의 전제자'나 '착한 아버지' 상의 지도자를 선호

한다.[86)]

2. 공동체 의식

카메룬인들이 권위에 순종한다고 해서 추장이 제멋대로 독재 권력을 행사하는 것은 아니다. 추장은 자신을 보좌하는 원로그룹을 갖고 있다. 원로그룹은 경험이 많고, 지혜가 풍부한·연로한 자들로 부족민들의 존경을 받고 그들을 대표하는 사람들로 구성된다. 추장은 중요한 제반 문제들을 이 원로그룹과 상의하는데 그들이 각자 특정한 문제에 대한 자신들의 견해를 내놓으면, 추장은 그들의 의견을 충분히 듣고 상호 간에 활발히 토론한다. 아프리카인들은 대화를 중시한다. 그것은 대화를 통해 반드시 어떤 결론을 도출하는 것 이상의 의미가 있다. 그들은 자신의 견해를 제시하고 상대방의 의견을 듣는 그 과정 자체를 중시하는 것이다. 따라서 비록 자신의 견해가 채택되지 않는다 할지라도 크게 개의치 않는다. 그들은 서로 대화를 나눔으로써 부족의 한 구성원으로서의 소속감과 일체감을 느끼는 것이다. 그러므로 추장은 중요한 문제들에 대한 원로그룹의 견해를 진지하게 청취해야 한다. 그러나 최종 결정은 언제나 추장이 내린다. 일단 추장에 의해 내려진 결정은 아무 이의 없이 부족 모두가 따르게 된다. 그들은 추장의 권위에 순복하며 그 결정을 존중한다. 카메룬의 전통적인 리더십은 이처럼 추장의 권위와 부족민들의 대의가 절묘한 조화를 이룬다. 카메룬인들은 공동체 의식이 매우 강하다.[87] 이들에게는 집단에의 소속감과 공동체 의식이 중요하고, 일보다는 인간관계가 우선이다.[88]

그러므로 이들의 지도자는 혼자 일하면 안 된다. 모세가 이스라엘 백성 중에서 1,000부장, 100부장, 50부장, 10부장의 중간 지도자를 뽑아 함께 일한 것처럼(출 18장), 공동체가 함께 참여하는 "우리"라고 하는 공동체 의식을 중시해야 한다.[89]

3. 효과적인 아프리카 리더십

카메룬 문화에서 효과적인 리더십은 다음과 같다. 첫째로, 카리스마를 지닌 리더십이다. 카메룬인들은 민주적인 리더십보다는 카리스마를 지닌 리더십에 더 친숙하다. 매년 카메룬 복음신학대학 교회성장학 강의 시간에 카메룬에서 성장하는 교회들에 대한 연구발표 사례를 보면 성장하는 교회의 지도자들은 한결같이 강력한 카리스마를 행사하고 있다. 물론 이것이 지나쳐 제왕적인 리더십으로 변질되는 경우가 종종 있지만 카메룬인들이 카리스마를 지닌 리더십을 선호하는 것은 분명하다.

둘째로, 대화의 리더십이다. 추장이 절대적인 권위를 지니고 있으면서도 원로그룹과 제반 문제를 상의하는 것처럼 카메룬의 리더는 구성원들을 대표하는 그룹과 수시로 대화해야 한다. 이 대표들과의 관계는 리더십에 있어서 매우 중요하다. 이들의 견해가 크게 잘못된 것이 아니라면 듣지 않을 이유가 없지만 리더의 비전이나 생각과 크게 어긋나는 것이라면 충분한 대화를 통해 그들을 이해시키고 설득하는 과정이 필요하다. 비록 최종 결정은 리더가 내릴지라도, 이러한 대화의 과정은 카메룬 리더십에 매우 중요한 것이다.

셋째로, 팀 리더십이다. 카메룬 사람들은 대가족을 이루고 산다. 이들에게는 혈연관계는 물론이고, 같은 부족, 같은 마을 사람들도 가족처럼 지낸다. 이들은 함께 지내는 것을 좋아하고 함께 모인다는 자체에 열광하기 때문에 집에는 언제나 사람들로 북적댄다. 함께 기도하고, 함께 의논하고, 함께 일하는 것에 신이 난다. 그러기에 서구의 핵가족 제도나 개인주의는 친숙하지 않다. 카메룬 리더십은 혼자 하는 리더십이 아니라 함께하는 팀 리더십이다.

넷째로, 포용의 리더십이다. 아프리카인들은 정이 많다. 이들에게 처음 만나는 사람은 누구나 친구가 된다. 한 예를 들어보자. 2005년에 야운데 교회 사무장이 거액의 교회 재정을 유용한 문제로 제직 회의가 열렸다. 그러나 그를 즉시 파면시키거나, 감옥에 넣거나, 또는 그 돈을 다 갚을 때까지 봉급 없이 일하게 하는 등의 강력한 제재가 나오리라는 예상은 빗나갔다. 대신 두 가지 견해가 있었다. 하나는 계속 봉급 전액을 받고 일하면서 시간을 두고 갚아야 한다는 것이고, 다른 하나는 봉급의 30%를 삭감하고 지급해야 한다는 것이었다. 현실적으로 그와 가족이 먹고살아야 하기 때문이라는 논리였다. 그 이상의 강경한 의견을 낸 사람은 한 사람도 없었다. 이처럼 카메룬인들을 이끌려면 포용의 리더십이 필요하다.

다섯째로, 인내의 리더십이다. 아프리카인들은 결코 서두르지 않는다. 이들의 시간개념은 서구의 시간개념과 다르다. 이들에게 있어서 시간은 허비되는 것이 아니라 창조되는 것이다. 정해진 시간에 일을 마치는 것은 중요하지 않다. 일을 한다는 그 자체가 중요한 것이기 때문에 이들은 서두르는 것을 이해하지 못하며 오히려 이상하게 생각한다. 야운데 센터교회가 삼 년 만에 지어졌을 때, 그들은 너무 빨리 지었다고 마술을 하는 이단이 아닌가 하는 의구심을 가졌고 도리어 그들의 의심을 가라앉히는 데 애를 먹었다. 무슨 일을 하든지 충분한 시간을 가지고 여유 있게 하는 것이 중요하다. 이들은 인내하는 리더십을 좋아한다.

앞에서 살펴본 것 같이 효과적인 카메룬 리더십은 성서적인 리더십과 크게 다르지 않다. 효과적인 카메룬 리더십은 카메룬인들이 이상적인 지도자로 생각하는 '선한 아버지' 리더십이요, 카리스마를 지닌 섬김의 리더십이며, 느헤미야와 바울의 리더십인 것이다.

카메룬 개신교 리더십 이양 과정

1. 영국 침례교 선교회

1884년 독일이 카메룬에 식민지를 세우자, 영국 침례교 선교회는 어려움을 겪게 되었고 카메룬에서의 사역을 포기하기로 결정하였다. 영국 침례교 선교회는 사역을 이양할 선교회를 찾기 시작하였고, 마침내 1886년 12월 바젤 선교회에 사역과 재산을 이양했다. 이것은 독일이 카메룬을 식민지로 삼은 정치적인 상황 변화로 인한 불가피한 이양이며 선교회와 선교회 간의 이양이라 하겠다.

그러나 이양 과정에서 현지 교회 지도자들과 상의 없이 두 선교회 간의 일방적인 합의로 인한 이양 결과는 분열의 후유증을 낳게 되었다. 이양 과정에서 현지인들을 배제한 것은 현명하지 못한 처사였다. 시간이 소요되더라도 인내를 갖고 현지 교회 지도자들을 이해시키고 설득해야만 했었다.

2. 바젤 선교회(Basel Mission)

1886년 12월 영국 침례교 선교회가 바젤 선교회에 선교회의 사역과 재산을 이양했으나 카메룬 침례교회의 다수는 바젤 선교회의 권위를 인정하지 않았다. 선교사들의 도착 즉시 바젤 선교회와 영국 침례교 선교회의 사역으로 인해 탄생한 토착 침례교회의 디분두 목사 및 그의 세 장로들 사이에 충돌이 생겼다. 그들은 영국 침례교 선교회가 카메룬 사역을 바젤 선교회에 이양하는 과정에서 교회들과 상의하지 않았고 당시 유일한 카메룬인 목사였던 디분두 목사도 배제하였으며 대부분의 재산도 바젤 선교회에 팔았다고 항의하였다. 그러나 무엇보다도 바젤 선교회와 침례교인들의 결별을 초래한 것은 술을 팔아 치부하고 방탕한 생활을 하는 침례교인들에 대한 선교사들의 비난 때문이었다. 결국 1889년 5월에 바젤 선교회와 침례교인들은 갈라서게 되었다.

바젤 선교회 선교사들은 영국 침례교 선교회와 마찬가지로 정치적인 상황 변화로 인해 카메룬을 떠나야 했다. 그 결과 바젤 선교회는 카메룬을 파리 복음 선교회에 이양하였고, 불어권 동부 카메룬에 선교사들을 보내는 것을 중단하게 되었다. 하지만 영어권 서부 카메룬에는 1925년에 사역을 재개하였다.

바젤 선교회는 카메룬 선교 70년 만인 1957년 11월에 서부 카메룬 장로교회(The Presbyterian Church in West Cameroon, P.C.C)에 독립을 허용했다. 독립은 세 단계에 걸쳐 이루어졌는데 1957년에는 교회가, 1966년에는 학원 사역이, 마지막으로 1968년에는 그 외 모든 사역이 카메룬 장로교회로 이양되었다.

오늘날 카메룬 장로교회는 바젤 선교회와 느슨한 파트너십 관계에 있다. 바젤 선교회가 학교와 의료사역, 신학교육 등에 재정적인 지원을 하였으나 1970년 이후 지원액이 줄면서 카메룬 장로교회는 심각한 재정적인 위기에 처하게 되었다. 그러나 카메룬 장로교회는 1973년 6월 총회에서 더 이상 외부 지원에 의존하지 않고 스스로의 힘으로 사역하기로 결의한 후 기적적으로 재정위기를 벗어났다.[90] 바젤 선교회가 카메룬을 11년에 걸쳐 세 단계로 나누어 신중하게 현지 교회에 이양을 한 것이나 이양한 후에도 좋은 파트너십 관계를 유지하는 것은 이양 과정에서 긍정적으로 고려할만한 점이다.

3. 독일 침례교 선교회

바젤 선교회와 결별한 디분두 목사는 독일에서 파트너를 구했다. 그 때문에 1890년 독일에서 카메룬 침례교회를 돕기 위한 위원회가 창립되었고, 1891년에 스테펜(Steffens)과 수베른(Suvern) 부부가 카메룬에 파송되었다. 스테펜은 1886년 영국 침례교회가 떠난 후 처음 파견된 침례교 선교사였다. 1891년 10월부터 스테펜과 디분두는 환상적인 팀을 구성하여 사역함으로 침례교 지도자들에게 소망을 주었다. 그 후 두알라의 침례교인들은 선교사들의 권위주의적인 행동에 불만을 갖고 디분두 목사를 중심으로 선교사들과 헤어져 토착 침례교회(Native Baptist Church)를 재건하였다. 이 교회는 '백인들의 침례교회'와 구별되게 '백성들의 침례교회' 로 불렸다.

선교사들 편에 선 로탱(Adolphe Lotin) 목사는 1915년 전쟁으로 인해 독일 선교사들이 억류된 후, 1917년에 파리 선교회에서 파송한 첫 선교사들이 도착하기까지 토착 침례교회와 협력하여 일했다. 독일 침례교 선교사들은 로탱에게 두알라에 있는 침례교회들의 부동산을 관리할 위임장을 주었다.[91] 빅토리아 지역 침례교인들의 다수도 영국 선교사들을 선호하였고 결국 1898년 독일 침례교 선교사들과 갈라서게 됨으로 인해[92] 독일 침례교 선교회는 두 차례의 아픈 분열의 책임을 피할 수 없게 되었다.

4. 파리 복음 선교회 (Les missions évangélique de Paris)

1916년 두알라 지역의 목사들은 파리 복음 선교회의 후원으로 사역을 지속하자는데 동의하였다. 파리 복음 선교회 선교사들은 1917년 2월 카메룬에 도착하자마자 두 개의 침례교 그룹(백인 침례교와 백성들 침례교)과 만났다. 그해 10월 초에 침례교회들의 회의가 소집되었으며 그 결과로 파리 복음 선교회의 후견을 받는 연합 협약이 체결되었다. 파리 선교회는 이 협약에서 교회들에게 재정적인 자립을 요구하고 선교회와 교회와의 사역 분담과 협력을 명시하였다.[93]

1920년 파리 선교회는 인력과 재정의 어려움 때문에, 쿠오(Jo-seph Kuoh) 목사의 반대에도 불구하고 그와 상의조차도 없이, 호트-싸나가(Haute-Sanaga) 지역의 옛 바젤 선교회 사역을 미국장로교 선교회에 이양하였다. 쿠오 목사는1917년 바젤 선교회에서 파리 선교회로 이양되었다가, 다시 장로교 선교회로 이양되자 거부하고, 두알라 근처에 파리 선교회 소속으로 남았다.

독일 침례교회에서 안수 받은 로탱 목사는 1921년에 침례교회 총회장이 되었다. 1922년 로탱은 침례교회를 그들의 지배 아래 두려는 유럽 선교사들과 다투게 되었다. 이로 인해 공적인 설교를 금지당하고, 면직을 당한 로탱은 선교사들을 떠나 토착 침례교회의 수장이 되었다. 그는 프랑스 식민 하의 첫 번째 카메룬인 국수주의자로 간주되며, 교회적 해방의 상징이 되었다. 그의 교회인 카메룬 침례교회(L'Eglise Baptiste Camerounaise)는 1932년에 정부 인가를 받아 카메룬 개신교 최초의 자립교회가 되었다.[94]

자립에 관한 논쟁을 촉발한 것은 바문(Bamoun) 사건이었다. 1953년에 품반에서 사역하던 의사인 마탱 선교사는 예배 중에 "아프리카인은 저주받은 함의 자손이다"라는 설교를 하였는데 이 일로 마탱 선교사와 뮈쉬(Josué Muische) 목사 사이에 잠재해 있던 불화가 드러나게 되었다. 마탱 선교사는 교회 문을 닫았으며, 뮈쉬 목사는 모든 성도들을 이끌고 떠나 "함의 자손들의 교회"라 명명된 천막 교회를 세웠다. 이 사건을 계기로 교회 지도자들은 교회와 선교회 간의 관계를 점검하고 자립에로의 과정을 시작하게 되었다.[95]

1953년부터 교회 자립에 관해 논의하기 위한 모임이 있었으며, 1956년부터는 자립에 관한 질문들이 모든 목사들과 장로들의 생각을 사로잡았다. 그래서 1956년 8월 1-3일에 품반에서 열린 전체 교구위원회(la Commission Synodale Générale)에서 공식적으로 요청서가 작성되었고, 파리 복음 선교회 위원장에게 전달되었다.[96] 마침내 1957년 3월 10일 두알라의 100주년 성전(Centenaire)에서 파리선교회를 대표한 웨스트팔(Charles Westphal) 선교사는 다음과 같이 카메룬 교회의 자립을 선포하였다.

(1) 나는 복음교회(EEC)와 침례교 연합(UEBC)이 이후로 파리 복음 선교회로부터 독립하며 이 나라 복음화에 책임이 있음을 선포한다.

(2) 선교회는 두 교회가 하나의 공동 조직인, 카메룬 침례 복음심의회(le Conseil des Eglises Baptistes et Evangéliques du Cameroun)를 조직한 것을 인정한다.

(3) 선교회는 이 심의회와 교회들에게 그 선교사들과 가족들, 선교사회(la Conférence missionaire)의 권위와 부동산을 맡

긴다.

(4) 선교회는 복음교회와 침례교회가 사역에 필요하다고 생각하는 인력과 재정 적인 도움을 프랑스와 스위스의 교회들에게 계속 요구할 것을 다짐한다.

(5) 하나님이 친히 우리의 새로운 협정에 날인하시고, 우리를 그리스도 안에서 사랑으로 하나 되게 보존하시기를![97]

파리 선교회는 그 권한과 종교, 학교, 의료, 그리고 사회 분야의 물질적, 재정적인 수단들을 이 심의회에 넘김과 동시에 심의회는 침례교회와 복음교회가 사회사업에서 협력하도록 하였고, 이후로 선교사회를 대체하며 선교사 상호 간과 선교사와 아프리카인들 상호 간의 관계를 책임지기로 하였다.

파리선교회는 1920년에 호트-사나가 지역을 미국장로교 선교회에 이양하는 과정에서 쿠오 목사가 반발하여 이양을 거부하는 사건을 겪었다. 1922년에는 로탱 목사가 그들을 지배하려는 선교사들에 반발하여 독립교단을 만들었다. 1953년에는 선교사의 설교에 반발하여 뮈쉬 목사가 독립하여 천막교회를 세운 사건이 일어났다. 이 사건을 계기로 현지지도자들은 선교회와 교회의 관계를 재고하기 시작하였고, 1956년에 파리 선교회에 자립을 요청하였으며, 결국 1957년에 자립하게 되었다. 이 세 번의 사건에서 선교사들이 현지인들을 배려하는 자세가 미흡했다고 생각된다. 또한 선교사들이 영적인 아비로서 현지 지도자들을 말씀으로 잘 양육하고 선교사와 현지 지도자들 간에 상호 신뢰 관계가 형성되어 있었다면 이런 결과는 피할 수 있었을 것이다. 그럼에도 불구하고 파리 선교회가 현지 교회에 선교회의 모든 재산과 선교사들을 위임하고 앞으로의 인적, 재정적 도움까지 약속한 것은 좋은 자세라 생각된다.

5. 미국장로교 선교회

미국장로교 선교회는 그 북부 사역지를 노르웨이 침례교 선교회와 미국 침례교 선교회에 이양했다. 그리고 호트-사나가(바싸) 지역을 파리 선교회로부터 이양 받았다.

1941년부터 선교회는 교회에 전도와 교회 사역을 이양하고 선교사들은 선교 기지와 사회사업을 맡았는데, 이 상황은 선교사들과 아프리카인들 사이에 불화를 조장했다. 왜 교회 사역을 이양했는데 현지인들은 불만이었을까? 선교사들이 맡은 선교 기지와 사회사업의 이권 때문이 아닐까? 다시 말해서 선교사들이 사역의 일부를 이양할 때에 계속적으로 재정이 투자되어야 하는 사역, 즉 전도나 신학교 등을 선교사들이 담당하게 된다면 현지인들과의 관계에 불화를 없앨 수 있을 것 같다.

결국 1957년에 카메룬 장로교회가 독립하게 된 계기는 선교사들이 너무 큰 영향력을 행사했기 때문이다. 그러나 장로교 선교회가 북부 사역지는 침례교 선교회들에 이양하고 바싸 지역은 파리 선교회로부터 이양 받은 행위는 선교회 간에 사역을 주고받는 협력의 자세를 보여준다. 다른 선교회가 더 잘할 수 있는 지역이나 사역이 있다면, 사역의 효율성을 위해서 선교지를 나누어 맡는 것도 좋은 방안이라 생각된다. 다만 바싸 지역처럼 바젤 선교회-파리 선교회-장로교 선교회로 세 차례에 걸쳐 계속 이양되는 과정에서 현지 지도자의 배제로 인한 쿠오 목사의 반발을 사게 된 이양 방법은 재고해 볼 문제이다. 이 모든 과정이 현지 교회에 직접 관계된 것이기에, 그들을 충분히 이해시키고 설득하며 그들의 견해를 듣는 과정이 필요하다. 식민지 지배로 인한 민족주의가 팽배한 아프리카에서 선교사들은 지배적인 인상을 주어서는 안 된다. 겸손히 섬기며 현지 교회 지도자들과 동역하는 자세로 일해야 할 것이다.

6. 루터교 선교회

미국 형제 루터교회는 현지 교회에 지나친 간섭을 하고 선교사들이 현지 교회와 거리를 두는 간섭주의(paternalism) 형태의 사역을 하다가 결국 모든 선교사가 떠나는 결과를 초래하게 되었는데 이는 현지 교회를 계속 아이로만 취급했기 때문이다. 그러나 다행스럽게도 미국 형제 루터교회는 독립한 카메룬 루터교회에 대하여는 여러 모로 도우며 관계를 지속하고 있다. Paternalism은 부정적인 측면에서 보면 '간섭주의'이고, 긍정적인 측면에서 보면 '온정주의' 또는 '온정적 간섭주의'이다. 간섭이 무조건 나쁜 것은 아니다. "지혜로운 아들은 아비의 훈계를 들으나, 거만한 자는 꾸지람을 즐겨 듣지 않는다"(잠 13:1)고 하였다. 선교사가 현지인들을 말씀으로 양육하여 영적인 아비가 되고, 그들과 상호 신뢰의 관계를 유지한다면, 그들은 아비의 심정으로 사랑을 가지고 하는 충고를 들을 것이다.

1960년 두 개의 루터교 선교회(미국과 노르웨이)는 한 개의 공동 교회, 즉 카메룬 복음루터교회를 창립하기로 동의한 후, 1975년에 두 교회 합동 조인식을 가졌다. 그때 이후로 선교사들은 교회의 여러 사역에 더 이상 지도자로서가 아닌 동역자로서 일하였다. 그렇지만 이 자립은 부분적인 것이어서 선교회들은 사회사업을 지속하고 교회는 전도를 담당하는 사역분담을 했다.

두 개의 선교회가 세운 교회들을 한 개의 교회로 통합한 것은 선교회 간에 상호 협력을 보여준 좋은 예이다. 또한 현지 교회에 자립을 허용한 이후 선교회가 어떤 특정 사역을 분담한 것도 현지 교회의 자립을 저해하지 않은 채 상호협력 할 수 있는 또 하나의 좋은 예로 보인다.

Cameroon

4장

카메룬 개신교 리더십 분석

현지인 리더십 분석

본 분석을 위해 카메룬 교회의 리더십에 대한 교인들의 생각을 조사하기 위하여 설문지를 배부하였다. 카메룬 성결교회 소속 6개 교회에 600매의 설문지를 배포하여 그 중에서 302매를 수거하였다. 선교사와 현지지도자의 리더십을 연구하기 위하여 교회의 유형을 세 가지로 분류해 보았다. 첫째 유형은, 선교사가 개척하여 현재까지 인도하고 있는 교회이다. 둘째 유형은, 선교사가 개척하여 인도하다가 현지 지도자에게 넘겨준 교회이다. 셋째 유형은, 현지 지도자가 개척하여 현재까지 인도하고 있는 교회이다. 이 6개 교회들은 야운데, 쏘아, 두알라 3개 도시에 흩어져 있고 주일 평균 출석인원은 500명에서 50명 사이이다. 이 여섯 개 교회 중에 각 유형을 대표하는 세 교회를 표본으로 선정하였다.

첫째 유형(선교사가 개척하여 현재까지 인도하고 있는 교회)인 중앙 교회는 선교사가 2000년 6월 개척하여 현재까지 직접 인도하고 있다. 수도 야운데의 외곽 지역인 복베티(Nbog-Besti)의 대로변에 위치하며, 1,000석 규모의 자체 건물을 갖고 있고 주일 평균 400명이 출석하는 교회이다.

둘째 유형(선교사가 개척하여 인도하다가 현지지도자에게 이양된 교회)인 옴니스포(Omnisports) 교회는 선교사가 1991년 3월에 개척하여 2000년 5월까지 인도하다가, 현지 지도자에게 이양하였으며, 수도 야운데의 인구 밀집 지역인 옴니스포 인근 대로변 2층 건물에 임대한 교회로 한 번에 최대 220명이 예배드릴 수 있으며 주일 1, 2, 3부 예배에 평균 500명이 출석하는 교회이다.

셋째 유형(현지 지도자가 개척하여 현재까지 인도하고 있는 교회)인 쏘아(Soa) 교회는 현지 지도자가 2002년 3월에 야운데 제 2대학이 있는 쏘아시에 개척하였고, 2005년에 200석 규모의 성전을 건축하였다. 현재 대학생 중심으로 주일 평균 50여명이 출석하고 있다.

중앙 교회는 101명이, 옴니스포 교회는 113명이, 쏘아 교회는 40

명이 설문지에 응답했다. 그런데 이들이 응답을 하지 않은 항목이 있거나 중복으로 응답한 항목이 있어서 항목에 따라 응답률이 100%에 못 미치기도 하고 100%가 넘기도 한다. 그럼에도 불구하고 설문의 목적은 성취했다고 본다.

먼저, "카메룬 교회의 건강 상태"를 묻는 질문에 "나쁘다"는 응답이 64%(나쁘다 54%, 매우 나쁘다 10%)로, "좋다"는 응답 27%(좋다 23%, 매우 좋다 4%)을 압도했다(표 1). 카메룬 교회의 상태에 대하여 세 교회 모두 매우 부정적인 평가를 내린 것이다.

〈표 1 카메룬 교회의 건강 상태〉

	매우 좋다	좋다	나쁘다	매우 나쁘다
중앙	8%	34%	48%	6%
옴니스포	5%	24%	62%	10%
쏘아	0%	11%	52%	15%
계	4.33%	23.00%	54.00%	10.33%

둘째로, "카메룬 교회 건강상태에 부정적인 이유"를 묻는 질문에 '목사의 비전결여'가 45%로 가장 높게 나타났고, 다음으로 '목사의 자질'과 '비성서적 교리'가 37%로 비슷하게 나왔다(표 2). 그 외에도 교회의 재정사용에 관한 불신(27%)과 부족 간의 감정(16%)도 무시

할 수 없는 것으로 나타났다. 결국 카메룬 교회의 문제는 리더십의 문제이며, 목회자가 비전이 없고, 자질이 부족하며, 비성경적 교리를 가르치는 등 영적 지도자로서의 기본적인 자질을 갖추지 못함으로 리더십의 위기가 상당히 심각한 수준인 것으로 나타났다. 이는 곧 카메룬 교회의 최우선 과제는 리더십 훈련임을 보여준다.

〈표 2 카메룬 교회가 건강하지 않은 이유〉

	부족 간의 감정	재정문제	비성경적 교리	비전 결여	목회자의 자질
중앙	15%	24%	32%	50%	46%
옴니스포	10%	25%	35%	40%	41%
쏘아	22%	33%	45%	45%	26%
계	15.67%	27.33%	37.33%	45.00%	37.67%

셋째로, "선교사가 카메룬 교회에 중대한 변화를 가져올 수 있느냐"는 질문에는 절대 다수(85%)가 "그렇다"고 대답했다(표 3). 특히 현재 선교사가 인도하고 있는 중앙교회는 94%가 "그렇다"로 응답을 하여 선교사에 대한 절대적인 신뢰를 보여주고 있다. 중앙교회와 옴니스포 교회는 선교사가 개척한 교회이므로 선교사의 긍정적인 영향을 받을 수 있다고 해도 쏘아 교회는 현지 지도자에 의해 개척되고 계속 인도되는 교회임에도 불구하고 선교사에 대한 기대가 82%로

의외로 상당히 높게 나타났다. 지성인들은 민족주의 의식이 강한 편인데, 대학생들이 많은 쏘아 교회에서 이런 반응이 나온 것은 카메룬 현지 지도자에 대한 실망감에서 기인한 결과라 생각된다.

〈표 3 선교사가 카메룬 교회에 중대한 변화를 가져올 수 있는가?〉

	그렇다	아니다
중앙	94%	5%
옴니스포	78%	16%
쏘아	82%	7%
계	84.67%	9.33%

넷째로, 그렇다면 이들은 "선교사가 계속해서 필요하다"고 생각하는가?

현재 선교사가 인도하고 있는 중앙교회는 "선교사가 계속 필요하다"는 견해가 74%였다. 6년 전에 이미 선교사에게서 현지 지도자에게로의 리더십 이양을 경험한 옴니스포 교회는 "그렇다"(51%)와 "아니다"(47%)는 견해가 거의 비슷했다. 그러나 선교사의 리더십을 경험하지 않은 쏘아 교회도 "아니다"라는 견해가 48%로 "그렇다(45%)"와 큰 차이가 없었다(표 4). 결국 현재 선교사가 인도하고 있는 중앙교회를 제외한 다른 교회들은 "그렇다"와 "아니다"가 거의 반

반이었다. 이것은 무엇을 의미하는가? 이는 현지인들이 선교사의 지속적인 사역 자체를 부정하기 보다는 선교사 리더십의 자질에 따른 평가로 보아야 한다. 좋은 영향을 끼치는 선교사에 대해선 지속적인 사역을 원하지만, 그렇지 못한 선교사에 대해선 부정적인 것이다.

〈표 4 선교사가 계속해서 필요한가?〉

	그렇다	아니다
중앙	74%	24%
옴니스포	51%	47%
쏘아	45%	48%
계	56.67%	39.67%

다섯째로, 그렇다면 "카메룬 교인들은 어떤 선교사를 필요로 한다고 생각하는가?" 이들은 선교사가 교사(56%)로서 잘 가르치는 지성 있고 실력 있는 선교사를 원한다. 또한 선교사는 현지인들에게 영적 아비(45%)가 되어, 복음을 전하고, 말씀으로 양육하는 복음적이며 영성이 뛰어난 선교사여야 하는 것이다. 다음이 국제관계(36%), 즉 국제적인 정보를 알려주고 외국과의 지속적인 관계를 유지할 수 있는 역할을 선교사에게 기대하는 것으로 나타났다. 그러나 많은 시간이 소요되는 행정(14%)이나 재정후원(22%) 부문에서는 비교적 낮

게 나타났다(표 5). 현지인들은 효과적인 행정이나 많은 재정을 필요로 하는 프로젝트 실행보다는 선교의 우선적인 과업이요 본질이라 할 수 있는 복음전파와 성경적인 가르침을 선교사에게서 더 원하는 것으로 나타났다. 이로써 선교사들이 힘써야 할 일들이 분명해진다.

<표 5 어떤 선교사를 필요로 하는가?>

	영적 아비	교사	행정가	재정 후원자	국제 관계자
중앙	57%	68%	24%	30%	34%
옴니스포	33%	60%	11%	20%	27%
쏘아	45%	41%	7%	15%	48%
계	45.00%	56.33%	14.00%	21.67%	36.33%

여섯째 질문은 "선교사의 장점이 무엇인가?"라는 것이었다. 선교사의 장점 중에 으뜸가는 것은 비전의 소유자(50%)라는 것이었다. 이것은 달리 표현하자면 현지 지도자에게는 비전이 없음을 암시하는 것이기도 하다. 그러므로 선교사들은 상황이 절망적이고 미래가 없는 이들에게 끊임없이 비전을 심어주고 격려해야 한다. 그 다음 선교사의 장점으로는 성경적인 교리(45%)를 믿고 가르치는 것이었다. 다른 아프리카 나라들과 마찬가지로 카메룬 교회도 혼합주의와 다원주의의 함정에 빠져있다. 카메룬의 대다수 목회자는 신학교육을 제대

로 받지 못한 탓에 그들 자신도 온갖 인본주의적이고도, 이단적인 혼탁한 가르침의 영향을 받아 다른 복음(갈 1:6-9)을 전하고 있다. 선교사의 장점은 '바른 복음'을 전하고 가르치는 것이다. 그 외에도 카메룬의 250여 부족 간의 갈등이 교회 내에서조차도 심각한데, 선교사는 이 갈등에서 자유로울 수 있으니(35%) 이것은 큰 장점일 것이다. 뿐만 아니라 재정 관리의 투명성(29%)에 대해서도 현지인들은 선교사에게 신뢰를 보내고 있다(표 6).

〈표 6 선교사의 장점〉

	부족 간의 감정이 없다	재정 관리를 잘한다	좋은 교리를 지킨다	비전을 갖고 있다
중앙	38%	40%	58%	59%
옴니스포	25%	16%	46%	50%
쏘아	41%	30%	30%	41%
계	34.67%	28.67%	44.67%	50.00%

그렇다고 선교사가 장점만 있는 것은 아니다. 일곱 번째 질문은 선교사의 단점을 알아보기 위한 질문이다. 현지인들은 선교사들의 첫 번째 단점으로 타문화 적응(40%)에 관한 어려움이라고 보았다. 표 8에 나타나듯이, 타문화 적응에는 언어와 대인관계를 포함한 광범위한 문제들이 포함된다. 이 결과는 선교사들이 타문화 적응에 고전하

고 있음을 잘 보여준다. 타문화 적응 문제는 대학생들이 많은 쏘아 교회에서 특히 두드러지게(56%) 나타났다. 그들의 관점에서 선교사들이 현지 문화에 잘 적응하지 못한다고 본 것이다. 현재 선교사가 인도하고 있는 중앙 교회에서는 후계 문제(45%)가 다른 항목보다 높게 나타났다. 선교사에 대한 높은 신뢰와 기대가 후계를 염려하게 한 것으로 보인다. 또한 선교사의 존재가 재정적인 의존감(29%)을 주는 것은 선교사의 약점으로서 심각히 고려할 사항이다(표 7). 선교사는 물질로 선교하는 것을 지양하고, 현지인들에게 자립 의식을 고취하는 자립 선교를 해야 할 것이다.

〈표 7 선교사의 단점〉

	다른 문화	후계 문제	재정 의존
중앙	35%	45%	38%
옴니스포	28%	40%	22%
쏘아	56%	22%	26%
계	39.67%	35.67%	28.67%

그렇다면 여덟 번째 질문으로 "현지 지도자의 장점은 무엇인가?" 현지 지도자의 장점은 쉽게 다가갈 수 있으며(61%), 언어 구사에 어려움이 없고(43%), 문화 적응을 위한 기간이 필요 없다(42%)는 것이

다(표 8). 현지 지도자의 장점은 곧 선교사의 약점이기도 하다. 선교사는 현지인들에게 충분히 열려있지 못하고 자신만의 성을 쌓고 있어 현지인들이 접근하기가 쉽지 않다. 또한 열심히 현지 언어를 배워도 그들의 깊은 곳을 두드리는 언어 구사에 어려움을 겪을 수밖에 없다. 자국 문화와 다른 선교지 문화 간의 충격과 타문화 적응과정에서 오는 많은 어려움을 이겨내려 애를 쓰지만 온전히 그들처럼 될 수 없는 고민이 늘 선교사에게는 있다. 바로 이런 점들이 선교사가 극복해 나가야 할 어려운 과제이다.

〈표 8 현지 지도자의 장점〉

	같은 문화	언어구사	쉬운 접근
중앙	48%	48%	59%
옴니스포	27%	28%	68%
쏘아	52%	52%	56%
계	42.33%	42.67%	61.00%

그러면 현지 지도자의 단점은 무엇인가? 교리문제(41%), 부족 감정(32%), 비전결여(25%) 순이다(표 9). 역시 교리문제가 가장 심각하다. 이는 목회자와 교회 지도자를 훈련하는 신학교육이 얼마나 중요한가를 잘 말해주고 있다. 선교사들은 현지 교회지도자들이 말씀

으로 이단 사설에 흔들리지 않도록 최선을 다해 가르치고 훈련해야만 한다. 이처럼 현지 지도자의 단점은 설문 조사에 의하면 선교사의 장점으로 확인되었다.

<표 9 현지 지도자의 단점>

	부족 감정	비전 결여	교리 문제
중앙	42%	37%	46%
옴니스포	27%	20%	32%
쏘아	26%	19%	45%
계	31.67%	25.33%	41.00%

"선교사가 한 지역교회의 담임을 할 수 있을까?"라는 질문에는 "그렇다"(43%)는 의견과 "얼마 동안 할 수 있다"(43%)는 의견이 같게 나왔다. "아니다"(9%)는 의견은 소수에 불과했다(표 10). 선교사가 한 지역교회의 담임을 맡아 인도하는 것에 대하여 절대 다수(86%)가 긍정적인 생각을 갖는 반면에 극소수(9%)만이 부정적인 생각을 갖고 있는 것으로 나타났다. 선교사가 지역교회를 담임하는 것에 대한 긍정적인 비율(중앙-57%, 옴니스포-40%, 쏘아-33%)이 선교사가 교회를 인도한 기간에 비례하는 것과, "얼마 동안 할 수 있다"는 비율(쏘아-52%, 옴니스포-46%, 중앙-31%)이 선교사가 교회를

인도한 기간에 반비례하는 것이 흥미롭다.

〈표 10 선교사는 담임목회를 할 수 있는가?〉

	그렇다	아니다	얼마 동안 할 수 있다
중앙	57%	10%	31%
옴니스포	40%	9%	46%
쏘아	33%	7%	52%
계	43.33%	8.67%	43.00%

　　설문지 응답자들의 연령분포는 20대(42%), 30대(24%), 10대 (20%), 40대(9%)와 50대 이상(5%) 순이었다(표 11). 20-30대가 66%로 교회의 주축을 이루고, 특히 20대가 42%를 차지한 것은 카메룬 성결교회의 앞날에 청신호를 보여준다. 젊은이들이 현지 지도자 리더십에 관해 부정적이고 선교사의 리더십에 기대를 거는 것은 선교사에게 있어서는 격려가 되는 동시에 부담이 되기도 한다.

<表 11 연령 분포>

	10월 20일	21-30	31-40	41-50	51이상
중앙	19%	31%	30%	10%	10%
옴니스포	20%	40%	26%	9%	5%
쏘아	22%	56%	15%	7%	0%
계	20.33%	42.33%	23.67%	8.67%	5.00%

이들의 지적 수준은 대학교 이상(39%)이 상당히 높은 비율을 나타낸다. 그 다음이 고등학교 이상(32%)으로 카메룬의 일반적인 지적 수준을 고려할 때 카메룬 성결교회 교인들의 지적 수준은 월등히 높은 것으로 조사되었다(표 12). 이것은 지성인들이 현지 지도자들에 관해 비판적이고 선교사들을 통해 새로운 비전을 추구하려는 경향임을 보여주고 있다.

<표 12 학력 분포>

	초등학교	중학교	고등학교	대학교이상
중앙	10%	26%	26%	39%
옴니스포	6%	23%	34%	37%
쏘아	4%	18%	37%	41%
계	6.67%	22.33%	32.33%	39.00%

마지막으로 교인들이 교회를 출석한 기간을 조사해본 결과 5년 이하가 41%로 카메룬 성결교회들에 새 신자가 많이 오는 것을 알 수 있다(표 13). 이것은 수평이동이 아닌 전도에 의한 교회 성장으로 바람직한 결과를 보여준다.

〈표 13 교회 출석 기간〉

	0-5년	6-10년	11년 이상
중앙	71%	11%	19%
옴니스포	43%	30%	27%
쏘아	48%	19%	33%
계	40.50%	16.50%	22.50%

결론적으로 설문지의 조사 결과, 카메룬성결교회 교인들은 카메룬 교회지도자들의 리더십에 대해서는 상당히 비판적이고 선교사들의 리더십에 대한 기대와 신뢰는 매우 높은 것으로 나타났다. 선교사들은 이러한 교인들의 기대와 신뢰를 저버리지 않기 위해서 더 성숙한 리더십을 발휘하며, 현지인 목회자와 교회지도자들의 리더십 훈련에 더욱 힘써야 할 것이다. 그러면 카메룬 현지인 리더십의 근본적인 문제는 무엇인가? 본 논문은 그 원인을 아프리카인의 특성에서 찾아보려고 한다.

1. 비전

일반적으로 카메룬 사람들은 과거 지향적이다. 아프리카인들에게는 현재가 최우선이다. 일례로 월급을 타면 며칠 내에 다 써버리고 나머지 기간을 고생하며 산다. 한 달 후도 계획하지 않는 그들의 특성 때문이다. 그들에게는 과거가 중요하고, 현재도 중요하지만, 미래에는 별 관심이 없다. 왜 카메룬 사람들은 미래를 생각하지 않는 것일까? 왜 이들은 미래에 대해 관심이 없을까? 왜 이들에게는 비전이 없을까? 이러한 질문들은 아프리카에서 사역하는 선교사들이 수없이 던지는 질문이다.

이번 설문조사 결과 카메룬 사람들도 이 문제로 인해 고민하는 것으로 나타났다. 카메룬 교인들을 대상으로 한 설문조사에서 응답자의 45%가 카메룬 교회의 가장 심각한 문제로 교회 지도자의 '비전 결여'를 꼽았다(표 2 참조). 이 조사 결과는 미래에 대해 비전이 없는 그들 자신의 문제점을 자각하고 있음을 입증한다.

바나(George Barna)는 비전의 장애물로 전통, 두려움, 고정관념, 자기만족, 피곤, 단기적 사고를 꼽았다.[98] 바나가 단기적 사고를 비전의 장애물로 꼽은 대로 "아프리카인들의 비전 결여"에 대한 해답은 아프리카인의 독특한 시간 개념에서 찾아볼 수 있다.

아프리카인의 시간에 대한 개념은 주로 현재와 과거에 집중되어 있으며, 미래에 대한 생각과 개념은 미약하며 소극적이다. 음비티는 아프리카인들의 모든 종교적, 철학적인 토대 밑에 항상 깔려있는 근본적인 관념은 아프리카인의 '시간관념'이라고 설명한다. 아프리카인들은 미래를 염두에 두고 행동하지 않으며, 단지 과거와 현재만을 생각한다는 것이다.[99]

아프리카인들에게 시간은 단지 일어난 사건들, 지금 일어나고 있거나 곧 일어날 사건들의 조합일 뿐이다. 일어나지 않았거나, 곧 일어날 것 같지 않은 일들은 무 시간(No-time)의 범주에 들어가며, 현실의 시간(actual time)이 아닌 잠재적인 시간(potential time)일 뿐이다. 그러므로 현실의 시간은 현재와 과거의 것뿐이다. 시간은 '앞으로' 가지 않고 '뒤로' 간다. 그리고 사람들은 그들의 마음을 미래의 일들에 쏟지 않고, 주로 일어난 일에 쏟는다.[100]

폴 히버트도 아프리카인들의 전통적인 시간개념에 대해 다음과 같이 말한다.

전통적인 아프리카 사고의 초점은 미래에 있는 것이 아니라, 과거에 맞추어져 있다. 음비티가 지적하듯이 시간에는 세 부분이 있다.

첫째, 신비적인 과거로 위대한 부족의 사건들이 발생했던 오랜 기간이다. 둘째, 최근의 과거로 아직도 기억되고 있는 선조들이 살았던 때의 비교적 짧은 기간이다. 셋째, 방금 전의 과거와 방금 후의 미래를 포함하는 현재로 중요한 것은 미래에 일어날 사건이 아니라, 과거에 발생했던 위대한 사건인 것이다.[101]

음비티는 이러한 아프리카인들의 시간개념을 서구인들이 비판하는 것은 그들의 시간개념을 이해하지 못하는 무지 때문이라고 지적한다. 그는 아프리카의 시간개념은 서구의 시간개념과 다를 뿐이며, 그 차이 때문에 서구인들이 비판해서는 안 된다고 하였다.

서구사회에서 시간은 사용되고, 팔고, 사는 일용품이다. 그러나 아프리카인의 생활에서 시간은 창조되거나 생산된다. 사람은 시간의 종이 아니다. 오히려 사람은 그가 원하는 만큼의 시간을 만든다. 외국인들, 특히 유럽인이나 아메리카 인들이 아프리카에 와서 아프리카인들이 아무 일도 하지 않고 한 곳에 앉아있는 것을 보면 "이들은 게으르게 앉아 시간을 낭비하고 있다"라고 비판한다. 또 다른 공통적인 외침은 "오, 아프리카인들은 언제나 늦는다"라는 것이다. 그러나 이런 비판은 아프리카인들에게 시간이 무엇을 의미하는지 알지 못하는 무지에 근거한 것이다. 앉아있는 사람들은 시간을 낭비하는 것이 아니라, 시간을 기다리거나 창조하는 과정에 있는 것이다.[102]

위에서 살펴보았듯이, 아프리카인들은 우리와 전혀 다른 시간개념을 갖고 있다. 그들에게는 미래 개념도 없고 미래는 중요하지도 않

다. 그들에게 생각할 수 있는 미래는 6개월이고, 최대로 2년을 넘지 못한다고 한다.[103]

미래 의식의 결여는 앞날을 계획하고, 비전을 갖고, 인내로 그 비전을 이루어 나가는데 치명적인 약점을 노출한다. 이런 시간개념 속에서 미래를 계획하고, 비전을 소유한다는 것은 결코 쉬운 일이 아니다. 그러나 비전이 없는 리더는 리더가 아니다. 그러므로 아프리카 리더는 아프리카인의 시간개념으로 인한 자신의 약점을 변호하지 말아야 한다. 그는 아프리카인에서 한 걸음 더 나아가 기독교인일 뿐만 아니라 기독교인 리더임을 기억해야 한다. 그뿐만 아니라 그는 기독교인으로서 성경으로부터 비전을 발견해야 한다. 그는 "그때에 인자의 징조가 하늘에서 보이겠고, 그때에 땅의 모든 족속들이 통곡하며 그들이 인자가 구름을 타고 능력과 큰 영광으로 오는 것을 보리라. 저가 큰 나팔소리와 함께 천사들을 보내리니 저희가 그 택하신 자들을 하늘 이 끝에서 저 끝까지 사방에서 모으리라"(마 24:30-31)고 하신 예수께서 다시 오실 미래의 그 날을 기다려야 한다. 그리고 "그러므로 너희는 가서 모든 족속으로 제자를 삼아 아버지와 아들과 성령의 이름으로 세례를 주고 내가 너희에게 분부한 모든 것을 가르쳐 지키게 하라"(마 28:19-20)는 예수의 말씀에 순종하여 세상의 모든 족속에게 다시 오실 예수를 전하려는 비전을 가져야 한다.

선교사는 현지인 지도자에게 비전을 심어주는 일에 자신의 모든 것을 바쳐야 한다. 선교의 성패는 선교사가 현지 지도자들을 잘 양육하고, 그들에게 비전을 심어주는 여부에 달려있기 때문이다. 지도자 훈련은 지속적으로 해야 하며 이 지속적인 훈련이야말로 비전의 약화나 변질을 막기 위한 필수요건이다. 신학교에서는 물론이요, 신학교 졸업 후에도 훈련은 주기적으로 지속되어야 한다. 카메룬의 교회들이 이러한 훈련을 게을리한 탓에 초기 선교사들의 열정과 비전을 상실하고 명목상의 교회가 되어버린 것이다.

히버트는 비전의 중요성과 비전 상실의 위험성을 다음과 같이 잘 설명해주고 있다.

제1세대는 "창립하는 아버지들과 어머니들"로 구성된다. 그들은 새로운 것에 대한 비전으로 뭉쳐진 사람들이며, 그 비전을 위하여 값비싼 희생을 치른다. 제2세대는 "창립자들의 자녀들"로 구성된다. 창립자들은 자신들의 옛 제도를 포기하고 새로운 제도를 형성하기 위하여 값비싼 대가를 치른 반면, 그들의 자녀들은 새로운 제도 안에서 성장하고 큰 대가나 희생을 치르지 않는다. 그들은 그들의 부모들에게 동기를 주었던 비전을 간접적으로 얻는다. 제3, 4세대들을 거치면서 창립자들의 영적 비전은 점점 희미해진다. 이처럼 세대를 거치면서 다음과 같은 위험들이 나타난다. 첫째 위험은 비전을 상실하는 것이다. 둘째 위험은 목표에 대한 초점이 점차로 제도 유지에 대한 관심으로 바뀌는 것이다. 셋째 위험은 유연성이 사라지고 고착화가 자

리를 잡는 것이다. 넷째 위험은 사람 중심에서 프로그램 중심으로 초점이 이동하는 것이다.[104)

히버트는 교회들이 세대를 거치면서 개척자들이 품었던 비전과 생동감을 상실하고 화석화되는 과정을 잘 설명해준다. 150년 전에 복음을 들고 카메룬을 찾아와 순교한 수많은 선교사들과 모진 핍박에도 불구하고 굳건히 신앙을 지켜낸 카메룬 신자들의 비전과 열정을 모두 잃어버린 오늘날의 카메룬 교회들에게 필요한 것은 다음과 같은 성경적 가치관들이라고 생각한다.

첫째, 이들에게 성경을 통해 시간의 우선순위를 가르치는 것이다. 예수는 "너희는 먼저 그의 나라와 그의 의를 구하라"(마 6:33)고 말씀하셨다. 그리스도인들이 우선적으로 해야 할 일을 말씀하신 것이다. 카메룬 교인들은 장사하거나, 피로하거나, 방문객이 있거나, 날씨가 좋지 않거나, 그리고 집안일을 하는 등의 여러 가지 핑계로 자주 예배에 참석하지 않던지 늦는다. 그것은 이들에게 있어서 우선순위의 문제이다. 그래서 선교사들은 이들에게 수시로 마태복음 6장 33절을 상기시키며 그리스도인의 우선순위에 대하여 강조하였다. 그리스도인의 우선순위에 관해 이들과의 끊임없는 씨름 결과, 10년이 지난 후에 이들은 예정된 시간보다 10분 전에 예배를 시작할 수 있게 되었다. 이처럼 이들에게 성경을 통해 시간의 우선순위를 철저하게 가르칠 때 이들은 비전의 사람으로 변화될 것이다.

둘째, 이들에게 성경을 통해 삶의 우선순위를 가르치는 것이다. 선교사들은 이들이 하나님의 형상으로 지음 받은 귀한 존재이며, 그들이 단순히 먹고, 마시고, 나무 그늘 아래 쉬다 가는 삶은 동물이나 다를 바 없다는 것을 가르쳤다. 영원한 하나님의 나라를 구하고, 복음을 전파하여 영혼을 건지는 것이 기독교인의 삶의 우선순위임을 끊임없이 강조하였다. 이를 위해서 선교사들은 열두 제자 운동 (G12 운동)을 시작했고 그 결과 이들 마음속에 가족과 이웃과 민족에게 복음을 전해 카메룬과 아프리카를 복음으로 변화시키고자 하는 비전을 품게 되었다. 실제로 G12 운동을 통해 많은 사람이 복음으로 변화되고 있으며, 변화된 이들은 다시 자신의 G12를 조직하여 다른 사람들을 변화시켜가고 있다. 이렇게 하여 이들은 성경적인 비전을 품고 살아가고 있다.

셋째, 이들에게 지속적으로 선교 비전을 심어주는 것이다. 아프리카 교회는 선교에 있어서 자신의 역할에 대해 가르침을 받은 적이 없었다. 그러므로 많은 교회가 세계 선교는 부유한 서구 교회의 몫이라고 생각하게 되었다.[105]

그러나 선교사들은 이제라도 이들에게 선교에 있어서 아프리카인들의 역할을 가르쳐야 한다. 카메룬 복음신학대학에는 인근 아프리카 나라들에서 온 학생들이 함께 공부하고 있다. 선교사들은 신학교 학생들에게 선교의 중요성을 가르치고 선교 비전을 심어주고 있다. 그래서 이들을 통해 복음이 아프리카 대륙 전체로 퍼져나가기를 소망한다. 그 열매로써 2006년 9월에는 카메룬 신학교 출신 중에서 첫 선교사가 서부 아프리카 부르키나파소(Burkina-Faso)로 파송되었다. 선교사들은 카메룬 사역자들을 다른 아프리카 나라들에 선교사로 파송해 나가려고 한다. 계속적으로 파송되는 이들 아프리카인 선교사들을 통해 선교 비전은 카메룬 교회 지도자들과 교회들에 깊이 새겨질 것이다.

2. 인사

설문조사에 의하면 현지 지도자의 단점으로 응답자의 32%가 부족 간의 감정을 들었다(표 9). 아프리카에서 부족 간의 감정은 상당히 심각한 수준이다. 각 나라마다 부족 간의 갈등으로 인한 경쟁의식, 시기, 분열, 내전, 그리고 심지어 인종청소 등으로 몸살을 앓고 있다. 아프리카에는 3,500개 이상의 종족 집단이 있다.[106]

식민지 체제는 부족 간의 전쟁을 종결시키고, 외관상의 통일을 이룩하여 부족들을 함께 살도록 만들었다. 하지만 식민지 체제가 끝난 지금 다시 부족 중심주의가 증가하고 있으며 나라들이 여러 부분으로 분열될 위기에 처해있다. 부족 중심주의는 아프리카인들의 피 속에 기질로써 심어져 있었고 그 압력은 끊임없이 치솟고 있다. 부족 간의 경쟁은 내전의 원인이었다. 부룬디에서만 여섯 달 동안 30만 명의 사람들이 살해되었다. 한 선교회는 10명의 지도자 중 9명을 잃었다. 가장 큰 교파인 성공회는 35명의 목사 중 13명을 잃었다.[107]

인종청소는 비극적인 피 흘림과 난민 발생을 초래했으며, 르완다, 브룬디, 콩고, 라이베리아, 시에라리온, 수단, 우간다에서는 어린이까지 병력으로 동원돼 학살에 동참하게 하였다.[108]

이 같은 부족 간의 감정은 같은 민족이나 국가보다 앞서며 심지어 신앙보다도 앞선다. 허버트 케인의 지적처럼 부족주의(tribalism)는 아프리카인들의 피 속에 기질로서 심어져있는 것이다. 그렇기에 부족 감정은 현대 아프리카에서도 여전히 아프리카인들을 지배하는 강력한 힘인 것이다. 부족 감정에 대해 음비티는 다음과 같이 말한다.

아프리카는 세계의 모든 주요 인종들로 구성되어 있으며 그들 각각의 그룹은 아프리카인이라고 주장한다. 아프리카인은 부족의 구성원으로 태어나고, 구성원의 자격을 바꿀 수 없다. 부족의 정체성은, 비록 그 느낌이 비록 지배적인 상황에 따라서 자주 기온처럼 변하기는 하지만, 현대 아프리카 국가에서도 여전히 강력한 힘이다.[109]

부족 감정보다 더 친밀하고, 강력한 것은 친족관계이다. 음비티는 친족 개념이 개인의 모든 삶을 지배하는 강력한 힘이라고 다음과 같이 말한다.

친족의 깊은 관계는 전통적인 아프리카인의 삶에서 가장 강력한 힘의 하나가 되어왔다. 친족관계는 혈연이나 결혼을 통해 이루어진다. 사회에서 사람들 사이에 사회적인 관계를 지배하는 것은 친족관계이다. 사람 간의 관계에 연관된 거의 모든 개념이 친족 시스템을 통해 이해되고 해석된다. 이 친족 개념이 그가 소속되어 있는 사회에서 개인의 행동, 생각과 모든 삶을 지배하는 것이다.[110]

이처럼 강력한 부족 감정과 친족 개념은 사회 전반에 지대한 영향을 끼치며, 교회도 그 영향에서 벗어날 수가 없다. 카메룬 리더십의 문제 중 하나는 인사 문제인데 이것 역시 부족주의로부터 기인한 것이다. 카메룬 사람들의 부족주의는 한국의 지역주의와는 비교가 안 될 만큼 강하다. 그래서 부족 중 한 사람이 리더가 되면 그 조직에 속한 사람들은 같은 부족 사람들로 채워진다. 인재를 폭넓게 기용해서 적재적소에 배치해야 조직이 발전할 수 있는데, 능력 여하에 상관없이 혈연과 인정에 끌려 자기 부족 사람들로만 자리를 채우므로 조직과 업무의 효율성이 떨어지는 것이다.

더욱이 식민 지배의 결과로 인한 팽배한 민족주의(nationalism)에도 문제가 있다. 민족의 이름으로 다른 아프리카인들이나, 외국인들을 차별하는 것도 기독교인으로서 바람직하지 않기 때문이다. 이와 같은 문제점을 극복하기 위하여 선교사들은 현지지도자들에게 성경적인 관계를 가르쳐야 한다. "너희는 유대인이나 헬라인이나 종이나 자유인이나 남자나 여자 없이 다 그리스도 예수 안에서 하나다"(갈 3:28)는 말씀처럼 그리스도인은 인종, 사회적 신분, 성별의 장벽을 무너뜨려야 한다는 것을 철저히 가르쳐야 한다. 그들로 하여금 안디옥 교회의 지도자 5명 가운데, 2명의 흑인 지도자가 다른 인종인 3명의 지도자와 협력하여 주의 일을 행한 것(행 13:1)을 본받도록 해야 한다. 그리고 "전에는 멀리 있던 너희가 그리스도의 피로 가까워졌느니라. 그는 우리의 화평이신지라 둘로 하나를 만드사 중간에 막힌 담을 허시고, 십자가로 이 둘을 한 몸으로 하나님과 화목하게 하시려고"(엡 2:13-16) 십자가에 달리신 주님의 뜻에 순종하여 함께 인종의 장벽을 넘어서도록 노력해야 한다.

3. 재정

허버트 케인(Herbert Kane)은 "물질주의가 아프리카에서 기독교 교회에 영향을 미치고 있다. 똑똑한 젊은이들은 다른 곳에서 더 많은 돈을 벌 수 있게 됨으로써 기독교 사역에 대한 소명을 거의 느끼지 못한다"라고 하였다.[111]

카메룬 사람들은 돈에 약하다. 미래 의식의 결여도 그 원인의 하나이지만 물질 욕심이 너무 많다. 일각에서는 카메룬이 세계에서 가

장 부패한 나라라는 주장이 있고, 많은 사람이 여기에 공감한다.[112]

최근 카메룬 교회협의회 총무는 외국 교회 지원금 중 절반으로 자신의 개인 승용차를 구입하였고, 이에 실망한 외국 교회는 더 이상의 지원을 중단하기로 하였다. 비상이 걸린 교회협의회는 그 이름을 바꾸고 새로운 조직으로서 외국 교회에 지원을 요청하고 있다. "카메룬 사람들은 왜 재정 관리를 못하는가?"라는 질문에 대해 그들은 "많은 돈을 관리해 본 경험이 없는 우리에게 거액의 돈이 생기면 어떻게 해야 할지 감당할 수 없다"라고 답한다. 리더가 재정 관리 능력이 없다면 그 리더십은 취약할 수밖에 없다.

그러나 재정 관리에 약한 현지인들을 이유로 선교사들이 끝까지 직접 재정 관리를 할 수는 없는 일이다. 만일 그렇게 하면 이들의 자립은 더더욱 불가능해지기 때문이다. 알렌은 바울의 재정에 관한 세 가지 규칙을 소개한다. 첫째로, 그는 자신을 위한 재정적 지원을 구하지 않았다. 둘째로, 그는 그가 회심시킨 자들에게 재정적 지원을 하지 않았다. 셋째로, 그는 지역 교회 재정을 관리하지 않았다.[113]

알렌은 현지 교회의 재정적인 자립을 다음과 같이 강조했다.
"모든 재정은 현지인들에 의해 운용되어야 한다. 모든 지방 자금의 운용은 전적으로 지역 교회가 주관해야 하며, 지역 교회는 자신들의 목적을 위하여 그들 스스로 재정난을 해결하며 가난에 빠지거나 어떤 외국 단체에 의존하지 않도록 해야 한다" 선교사가 교회 재정의 원칙에 관해 모든 회중에게 가르치는 것은 중요하다. 왜냐하면 이것은 모든 멤버를 매우 분명한 방식으로 직접 접촉하는 문제이기 때문이다. 그리고 사람들은 재정 관리가 그들의 손에 있다는 것을 이해하게 될 때 다른 문제에 있어서도 쉽고 빠르게 그들의 책임을 이해하게 될 것이다. 선교사는 그들에게 어떤 돈이 왜 필요한지를 이해하도록 해야 한다. 그는 관대히 그들에게 현지 지출을 통제할 수 있게 해야 한다. 그는 회중이 거둔 어떤 돈의 책임도 갖지 말아야 한다.[114]

이처럼 알렌은 선교사가 재정원칙에 관해 모든 회중에게 가르쳐야 하며, 재정 운영은 현지인들에게 맡기고, 현지인들이 그들의 재정을 스스로 운영하도록 해야 그들이 다른 문제에도 책임감을 갖게 하는 길이라고 하였다.

솔토우는 현지인들이 스스로 재정의 책임을 가져야하는 이유를 다음과 같이 설명했다.

교인들은 교회 안의 조직이나 운영에 발언권을 가짐으로써 자기 교회라는 인식을 갖게 될 때에 교회 지원을 위한 헌금이나 교회 유지와 확장을 위한 경비 충당에 관심을 갖게 된다. 사람들이 자기들의 교회라는 인식을 갖고 자신들이 교회를 위한 모든 경상비를 충당해야만 한다고 인식할 때만이 참된 관심과 발전을 위한 정신이 싹트

는 것이다.[115)

　선교사들에 대한 현지인들의 불만은 상당 부분 재정과 관련된 경우가 많다. 허버트 케인은 현지인들의 불만을 다음과 같이 세 가지로 요약했다.

　파송선교회와 받아들이는 교회 간의 가장 큰 불화의 핵심은 해외 자금 사용과 관련이 있으며 현지 교회 지도자들이 갖고 있는 불만을 세 가지로 요약할 수 있다. 첫째로, 선교사의 생활수준이 현지 사역자의 생활수준보다 상당히 높다는 것이다. 둘째로, 선교회들은 선교사가 직접 자금의 사용을 감독할 때는 계획된 프로젝트에 기꺼이 투자하지만 어떤 이유로, 그 선교사가 떠나게 되면 그 자금을 철회한다. 즉 돈이 (영구적인) 임무를 위하여 사용되는 것이 아니라, (일시적인) 사람을 지원하는 데 사용된다는 것이다. 셋째로, 외국의 자금이 교회에 제공될 때, 대개 부대조건이 첨부된다는 것이다. 받아들이는 교회들이 지역 수준에서 완전히 자급자족을 하고, 해외의 자금은 보다 높은 수준의 경영을 위해 사용하는 것이 합당하다는 인식이 선교 지도자들 사이에서 증가하고 있다.[116)

　이러한 현지인들의 불만을 해결하는 방법은 무엇보다도 이들이 지역 교회의 재정을 완전히 자립할 수 있도록 가르치는 것이다. 현지 교회나 사역자들에게 필요한 예산은 자체적으로 충당하고 관리하도록 가르쳐야 한다. 그리고 선교사들의 삶은 이들과 똑같은 수준까지는 아닐지라도 이들의 분노를 사지는 않도록 형평성을 유지해야 한다. 해외에서 온 자금은 현지지도자 개인이나 교회를 위한 일회성 지출을 지양하고 모든 교회에 공통적으로 관련된 프로젝트(신학교 건축, 도서 및 장비 구입 등)에 사용하는 것이 그들의 불만을 사지 않는 길일 것이다.

4. 신학

아프리카 교회의 문제는 근본적으로 신학적인 문제이다. 교회는 있으나 신학이 없고, 교인들은 있으나 성경적인 신앙이 없는 것이다. 테일러는 "아프리카 교회는 성경적 및 신학적 토대가 약하다. 달리 말하면, 교회와 기독교 공동체 안에 성경 교육이 적절히 실행되고 있지 않다. 교회가 교회 생활, 선교, 영성, 도덕성, 사회적 문제, 윤리적 문제, 부족 갈등 등의 이슈들을 처리하기에 적절한 교회론과 신학을 갖고 있지 못하다."라고 아프리카 교회의 신학적인 빈곤이 심각함을 지적하였다[117] 또한 패트릭 존스톤은 카메룬 교회는 타협과 자유주의 신학으로 상처를 입었고 영적 생명력을 잃었다고 지적하였다.

교회의 영적 빈곤은 카메룬의 가장 큰 비극이다. 명목상의 기독교는 아프리카 다른 어느 나라보다 상대적으로 큰 문제가 되고 있다. 초기의 가톨릭, 장로교, 루터교, 침례교 개척 사역은 타협과 자유주의 신학으로 상처를 받았다. 큰 교회들은 영적 생명력을 잃었고, 그리스도에 대한 개인적인 신앙이 없는 수많은 사람들을 받아들였으나 그들을 하나님께로 인도할 사람은 아무도 없었다. 부족주의, 사교적 관습, 알코올 중독, 낮은 도덕적 기준이 전국적으로 퍼져있다. 교회들 대부분은 복음화되지 않은 북부지역에 거의 관심을 기울이지 않으며, 사회의 주된 병폐들에 대해서도 선지자적 목소리를 내지 않고 있다. 깊은 회개, 지속되는 구원의 역사, 진정한 부흥, 성경 읽기의 회복, 전도와 성결한 삶이 기독교인들 사이에 이루어져야만 한다.[118]

그러면 이런 영적 재앙의 원인은 무엇이며, 그 해결책은 무엇인가? 패트릭 존스톤은 이 모든 영적 재앙의 원인은 신학 훈련의 실패이며 그 해결책은 말씀으로 훈련된 경건한 지도자들의 배출이라고 하였다.

오늘날의 영적 재앙은 신학 훈련의 실패에서 그 원인을 찾을 수 있다. 교회 지도자들이 교만과 권력 다툼, 재정 남용 등의 죄를 범하고 있다. 카메룬의 공인된 교단 및 초교파 신학교 10곳에 경건한 국내외 교수들이 필요하다. 이런 신학교 안에 영적 각성이 일어나, 교회 내에 오랫동안 빼앗겼던 새 생명과 성경적 기준들을 이끌어내야 한다. 이를 위해 말씀으로 훈련된 경건한 지도자들이 필요하다.[119]

카메룬 교회가 혼합주의에 오염된 것은 아프리카인의 특성과 무관하지 않다. 아프리카인들은 거절을 못 한다. 아프리카 문화에서 남에게 정면으로 대드는 것은 무례한 것으로 간주된다. "싫다"라고 대답하는 경우가 거의 없는데, 싫다고 말하는 것 자체가 대드는 것이 되기 때문이다. 이들에게 개인적 의견이란 존재하지 않는다. 개인의 의견 자체가 집단에 의해 미리 결정되기 때문이다.[120] 그들에게는 신학보다는 관계가 더 중요하다. 아프리카인들의 특성상 혼합주의를 피하기는 어려운 것이다.

풀러는 데이빗 배럿(David Barrett)의 말을 인용하여 "아프리카의 교회 성장은 대실패일 뿐이고 그것은 개인 구원과 제자 사역을 믿는 복음주의자들에게 도전이 된다. 오직 교인의 10% 미만이 그리스도를 구주로 영접하였고, 다수는 혼합주의나 명목상의 기독교에 현혹되었다. 그들은 교회를 죽이고 '아프리카 기독교'의 이름으로 교회를 비성서적 사고와 행함으로 이끈다"고 지적하였다.[121]

아프리카 교회가 이처럼 불행한 상황에 처하게 된 이유는 패트릭 존스톤이 지적한 것 같이 신학교육의 실패에서 그 원인을 찾을 수 있다. 그러므로 선교사들이 최우선으로 해야 할 일은 분명해진다. 그것은 성경적인 신학교육이다. 성경 말씀으로 잘 훈련된 경건한 지도자를 키워내는 일이다.

선교사 리더십 분석

1. 비전

맥스웰(John Maxwell)은 리더와 리더가 아닌 사람의 차이는 비전의 차이라고 했다.

리더는 먼저 비전을 찾고 그다음에 사람들을 찾는다. 그러나 사람들은 먼저 리더를 찾고 그다음에 비전을 찾는다. 많은 사람들이 리더십에 있어서 비전에 거꾸로 접근한다. 그들은 만일 비전이 올바르기만 하면 자연히 사람들이 그 비전을 받아들이고 따라올 것이라고 생각한다. 그러나 리더십은 그런 방식으로 작용하지 않는다. 사람들은 먼저 리더를 받아들이고 그다음에 리더의 비전을 받아들인다.[122]

맥스웰에 의하면 리더는 먼저 비전을 가져야 한다. 리더는 비전의 사람이다. 리더와 리더가 아닌 사람의 차이는 비전의 차이이다. 리더는 비전을 가져야 할 뿐 아니라, 그 비전을 사람들에게 전수해야 한다. 그런데 만일 그 비전이 옳기만 하면 사람들이 자연히 받아들일 것이라고 생각하는데 사실은 그렇지 않다. 선교사의 비전을 받아들이기 전에 먼저 리더로서의 선교사를 받아들여야만 하는 것이다. 여기에 선교사의 리더십이 요구된다. 비전이 없으면 리더가 아닌 것과 마찬가지로, 리더십이 있어야 그 비전을 이룰 수 있는 것이다. 선교사가 비전을 소유하지 않았거나, 그 비전이 현지인들에게 제대로 전수되지 않는다면 그의 리더십은 실패하고, 선교 역시 결국 실패하고 말 것이다.

하가이(John Haggai)는 비전은 리더만이 아니라 그를 따르는 자도 마찬가지로 붙잡아야 하므로 리더의 주요 책임은 추종자들에게 정확하고도 효과적으로 그의 비전을 전달하는 것이라고 했다.[123]

투라키(Yusufu Turaki)는 아프리카에서 사역한 선교사들이 아프리카 교회에 비전, 즉 선교 비전을 전수하는데 실패했다고 하였다. 그것은 곧 그들이 선교에 실패했다는 것이다. 그는 다음과 같이 말했다.
서구 선교사들이 선교 비전을 아프리카인들에게 전수할 시간이 되었을 때 두 가지 단순한 진리가 구현되지 않았다. 이 진리들은 '부전자전', 그리고 '유유상종'이었다. 대체로 아프리카 교회는 서구 선교사들의 선교 비전과 부담을 포착하는데 실패했다. 이것은 우리의 가장 큰 의문이며, 그것은 아프리카에서의 선교 역사에 가장 논란이 되는 것이다. 선교사가 아프리카인들에게 선교의 비전과 부담을 어떻게 전수하지 않을 수 있는가? 어떻게 아프리카인들이 그들에게 복음을 전해준 선교사에게서 선교의 비전과 부담을 가지지 않을 수 있는가? 아프리카 교회의 가장 큰 약점은 이 영역에 있다. 아프리카 교회는 선교 비전이 약하다. 선교 비전과 부담은 선교사들에 의해 적절히 전수되지 않았으며, 아프리카 교회 지도자들에 의해서 적절하게 수용되지 않았다. 아프리카 교회는 이 측면을 최고의 우선순위로 삼을 필요가 있다.[124]

투라키는 아프리카 교회의 가장 큰 약점으로 선교 비전의 결여를 꼽았고 최고의 우선순위로 선교 비전을 가져야 한다고 지적했는데, 그의 지적은 정확한 것이다.

설문 조사에 의하면 현지인들이 선교사의 첫째 장점으로 꼽은 것은 비전이었다(표 6).

그들은 선교사의 비전에 박수를 보내는 것이다. 그런데 선교사가 가진 비전, 선교사가 그들에게 전수해야 할 비전은 무엇인가? 그것은 당연히 예수께서 제자들에게 마지막으로 당부하신 선교의 비전이다(마 28:18-20; 행 1:8). 그런데 아프리카 교회가 선교 비전을 가지지 못했다면, 선교사들은 자신의 비전을 성취하는데 실패했고 선교에 실패한 셈이다. 카메룬 성결교회의 중앙 교회, 옴니스포 교회, 쏘아 교회는 동일하게 "우리 교회는 예수그리스도의 제자를 삼아 카메룬과 아프리카를 변화시킨다"라는 비전선언문을 주보에 게재하고 수시로 교인들에게 각인시키고 있다. 예수의 제자로 성장하여 카메룬과 아프리카를 변화시킨다는 구호는 이들의 가슴을 뜨겁게 한다. 이들은 왜 살아야 하며, 무엇을 위해 달려가야 하며, 어떤 결과를 기대하는지를 안다. 이 비전을 간직하고 살아가는 한, 이들에게는 살아야 할 이유와 소망이 있는 것이다.

2. 영성

사람들은 일반적으로 선교사들의 영성이 뛰어난 것으로 생각한다. 고향을 버리고 낯선 선교지에 나가는 선교사들은 당연히 누구보다도 영성이 뛰어나야 하기 때문이다. 그러나 현실은 그와 반대인 경우가 많다. 선교사들은 선교지에서 문화충격에 시달리고, 현지인들이나 다른 선교사들과의 관계에서 어려움을 겪으며, 업무에 시달리다 보면 건조해지고 영성이 약해지는 것이다. 그러므로 선교사들은 영성 관리에 다른 누구보다도 더 많은 노력을 기울여야만 한다. 날마다 기도와 말씀 묵상에 힘쓰므로 뛰어난 영성을 유지해야만 선교지에서 승리할 수 있는 것이다.

블랙커비는 "리더가 해야 할 첫 번째 일은 안타깝게도 실제 많은 리더들이 맨 나중으로 미루어놓은 일이다. 리더가 해야 할 가장 중요한 일은 단연 기도이다"라고 하였다.[125]

듀엘(Wesley Duewel)은 "위대한 기도는 위대한 지도자들의 표적이다. 행 6:4에 의하면 사도들에게 기도는 제일의 우선순위였으며 그들은 대부분의 시간을 기도에 바쳤을 것이다. 그들은 오직 기도했을 때만 사람들을 인도할 수 있었다. 모든 지도자들은 탁월한 기도의 사람이어야 한다. 어떠한 학문도 부족한 기도의 자리를 메워줄 수 없다"라는 바운즈(Bounds)의 말을 인용하여 기도의 중요성을 강조했다.[126)

바운즈는 "성령께서는 방법을 통해 일하시지 않고 사람을 통해 일하신다. 성령은 계획에 기름을 부으시는 게 아니라 사람에게, 곧 사람의 기도에 기름을 부으신다. 주님의 지도력은 뛰어났고 주님의 기도도 뛰어났다. 기도가 없었더라면 주님의 지도력은 뛰어나지도 거룩하지도 않았다"라고 지도자의 기도를 강조했다.[127)

설문 조사에 의하면 현지인들은 무엇보다도 선교사가 '영적 아비'가 되어 주기를 바라는 것으로 나타났다(표 5). 그들은 선교사들이 행정가, 건축가, 재정 후원자, 외교관, 또는 병원이나 학교를 운영하는 사회사업가보다는, 복음으로 자녀를 낳고 말씀으로 양육하는 '영적 아비"이기를 바란다. 현지인들은 다른 어떤 것보다도 영성이 뛰어난 선교사를 원하는 것이다.

3. 지성

블란드니에는 그리피스(Michael Griffith)의 말을 인용하여 "여러 해 동안 새로운 것을 전혀 배우지 않는 선교사를 만나는 것은 비극이다. 좋은 선교사는 언제나 새로운 단어와 구절들을 배운다. 그는 평생 동안 학생이다. 그는 성경적인 진리를 표현하기 위한 새로운 길을 찾기 위하여 언제나 선교지의 문학과 역사와 전통을 알려고 한다."라고 하였다.[128]

다시 말해 좋은 선교사의 자격으로 지성을 꼽은 것이다. 블란드니에는 많은 수의 선교사는 오히려 현지인들에게 부정적인 생각을 가져올 수 있으며, 선교사의 양보다는 질이 우선되어야 한다고 주장했다.

선교회들은 너무 양과 숫자에 기우는 경향이 있다. 그들의 힘은 종종 사람의 숫자에 의해서 평가되었다. 우리는 그 어느 때보다 질이 강조되는 시대에 살고 있다. 선교회들이 모든 선교지에서 최소한의 외국인으로 사역하는 것을 생각할 때가 왔다. 우리는 역사적으로 선교나 전도나 교회의 성장이 외국에서 온 선교사들의 수적인 증가에 비례했다는 것을 증명할 수 없다. 오늘날 시급함이 있다. 복음 전도에 관한 한 백인들의 영향력이 급격히 감소되었고, 그들의 존재가 기독교는 외국의 종교이거나 또는 백인의 종교라는 편견을 강화한다. 이런 비난을 누그러뜨리기 위해서 교회의 자리와 핵심적인 책임을 원주민들이 갖도록 해야 한다. 다시 말해서 선교회가 아닌 교회가 중심이 되어야 한다. 비록 질이 양을 대신할 수는 없을지라도 언제나 질이 양보다 우선되어야 한다. 사역을 지속하게 하는 것은 선교사들의 숫자가 아니라 그들의 질이다.[129]

그는 유능한 선교사들이 현지 교회들이 하지 못하는 분야, 즉 가르침과 전도를 맡아서 해야만 하며 이를 위해 현지 교회에는 이런 자질을 갖춘 선교사들이 필요하다고 하였다.

선교지의 교회들은 점점 더 뛰어나고 유능한 사람들을 필요로 할 것이다. 특수한 사역은 교회가 아직 스스로 감당할 수 없는 분야들을 돕는 것이 될 것이다. 현재 가장 필요한 사역은 성경적인 가르침과 전도이다. 교회들은 성경 공부를 가르칠 종들을 요구하고, 다양한 전도 방식에 익숙한 사람들을 필요로 한다. 이런 자질을 갖춘 선교사들은 여전히 요구된다.[130]

설문 조사에 의하면 현지 교인들은 무엇보다도 '잘 가르치는' 선교사를 원한다(표 5). 선생은 잘 가르치기 위해서 지성이 있어야 하고 실력이 있어야 한다. 특히 선교사에게 있어서 언어 실력은 무엇보다도 중요하다. 현지인들은 언어 실력과 지성을 동일시한다. 선교사가 언어 구사에 서툴러 현지인에게 무시당하는 일은 흔히 겪는 일이다.

언어가 약하면 잘 가르칠 수도 없고 현지인들에게 좋은 리더십을 발휘하기도 어렵다. 그러므로 선교사는 보다 나은 언어를 구사하기 위하여 끊임없이 노력해야 한다.

헤셀그레이브는 성공한 선교사들은 현지 언어를 배웠을 뿐 아니라 그들 중 대다수가 선교지 언어에 능통했다는 것이 명백하다며, "언어는 우리가 새로운 사회, 새로운 삶의 방식, 그리고 새로운 사고체계와 살아있는 접근을 이루는 과정이다. 그래서 이것을 잘한다는 것은 효과적인 선교를 시도할 수 있는 기본적 요건이 되는 것이다"라는 나이다(Eugine Nida)의 말을 인용하여 효과적인 선교를 위한 선교사의 언어능력을 강조했다.[131]

4. 관계

선교사들이 선교 현장을 떠나는 주요 원인 중에 "관계 때문"이라는 대답이 12%로 높았다.[132] 선교사들은 항상 관계로 인한 긴장 속에 산다. 그들은 다른 선교사와의 관계, 현지 지도자 및 교회와의 관계, 모국 교회나 파송 단체와의 관계에 많은 스트레스를 받고 산다. 블란드니에는 관계에서 오는 선교사의 스트레스를 이렇게 말했다.

관계는 기독교의 중심이다. 이 관계는 문화뿐만 아니라 인종까지도 뛰어넘어야 한다. 게다가 선교사는 조직도 뛰어넘어야 한다. 선교사는 그를 파송한 선교회와 그 모국의 교회, 그리고 동시에 선교지의 교회와도 관계를 맺어야 한다. 불가피하게 그것은 선교사로 하여금 긴장 속에 살도록 한다. 그는 두 방향의 관계를 유지해야 한다는 것을 의식한다.[133)

리더십이 영향력이라면, 그 영향력은 관계에 의해 좌우된다. 맥스웰은 "리더가 되는 유일한 길은 추종자를 갖는 것이다. 추종자를 가지려면 그들과 관계를 맺어야 한다. 관계가 깊으면 깊을수록 리더십 잠재력은 커져간다. 나는 항상 새로운 직책을 맡을 때마다 즉시 관계 형성을 시작한다. 옳은 사람들과 올바른 관계를 충분히 맺게 되면 당신은 그 조직에서 리더가 될 수 있다"라고 하였다. 그에 의하면 리더가 되는 유일한 방법은 사람들과 깊은 관계를 맺는 것이다.[134)

선교사가 리더의 자리에 서기 위해서 관계의 중요성은 아무리 강조해도 지나치지 않는다. 특히 아프리카인들에게 있어서 관계는 그 무엇보다도 우선한다. 이들은 머리보다는 가슴으로 움직인다. 이들을 움직이기 위해서는 머리보다는 먼저 가슴을 움직여야 한다. 맥스웰은 이것을 '관계의 법칙'이라고 한다. 그는 "유능한 리더는 구성원들에게 무엇인가를 요구하기 전에 먼저 그들의 마음을 연다. 그것이 '관계의 법칙'이다. 모든 위대한 연설가들은 이런 진리를 거의 본능적으로 알고 그에 따라서 행동한다. 먼저 그들과 감성적으로 연결되지 않으면 구성원들을 움직이게 할 수 없다, 가슴이 머리보다 먼저이다"[135)

그러나 안타깝게도 많은 선교사들이 머리에 우선권을 두어 현지인들을 가르치고 이해시키고 일하는데 많은 시간을 쏟기 때문에 정작 중요한 그들과의 관계는 소홀히 되는 경향이 있다. 심지어 사역 때문에 그들과의 관계를 손상시키는 경우도 종종 있다. 그들의 가슴이 움직이지 않는데, 그들과 함께 일하려 한다면 좋은 결과를 기대할 수 없는 것이다.

그러면 리더는 어떻게 사람들과 깊은 관계를 맺을 수 있는가? 맥스웰에 의하면 관계란 많은 사람들 가운데서도 리더가 한 사람 한 사람과 개별적으로 관계를 맺어야 하고 이를 위해서 리더 쪽에서 먼저 다가가야 하며,[136) 사람들과 신뢰감을 쌓고, 솔직해야 하며, 시간을 투자하고, 사람을 믿고, 격려해야 한다.[137)

예수도 관계의 법칙을 사용하셨다. 예수는 12명을 한 사람씩 찾아가 부르신 후, 그들과 3년을 함께 생활하시면서 깊은 관계를 맺으셨다. 3년 동안 그들의 가슴을 움직이신 후에 예수는 비로소 제자들에게 "너희는 온 천하에 다니며 만민에게 복음을 전파하라"(막 16:15)고 분부하신 것이다.

"리더의 능력은 그의 가장 측근에 있는 사람들에 의해서 결정된다. 만일 그들이 강력하다면 리더는 커다란 성과를 올릴 수 있지만 그들이 만일 취약하다면 그 반대가 된다. 이것이 inner circle의 법칙이다"[138]는 이 주장은 예수의 제자훈련을 통해 확인되었다.

관계는 아프리카인들의 종교, 철학, 사회조직에 있어서 근본적인 관심사이다.[139]

아프리카에서 모든 일은 관계에 의해 좌우된다. 관계로 인해 불가능한 일이 가능해지기도 하고 가능한 일이 불가능해지기도 한다. 아프리카인들에게 관계는 몹시 중요한 덕목이다.

흑인들이 관계를 중시하는 것은 강요에 의한 것이 아니라, 천성이라고 한 스티븐 비코의 견해를 이석호는 다음과 같이 인용했다.

나는 우리의 전통문화 속에도 서구인들에게 가르쳐 줄 긍정적인 덕목들이 무수히 많다고 생각한다. 가령, 우리 문화의 핵심이라고 볼 수 있는 조화로운 공동체 같은 덕목이 그것이다. 아프리카인들 사이에는 상호 간의 의사소통이 쉽게 이루어진다. 그것은 어떤 강요에 의한 것이 아니고, 아프리카 민중들에게 내재된 속성 때문이다. 그러므로 백인들은 이웃한 사람들이 누구인지도 모르는데 반해 아프리카인들은 이웃들과 비교적 짧은 시간에 쉽게 공동체의 일체감을 형성한다. 우리 흑인의 세계는 인간과 인간 간의 관계를 중시한다. 이 세계는 유아독존의 세계만을 강조하는 백인의 세계와는 질적으로 다르다.[140]

오늘날 서구 선교사들이 아프리카나 동양 문화권의 선교에서 실패하는 요인 중 하나는 지나치게 일에 집착하고 시간과 조직의 중요성을 강조하며 선교지 현지인과의 인간관계를 소홀히 했기 때문이다.[141]

아프리카 선교사는 일, 시간, 조직보다 관계가 우선한다는 것을 명심하고 현지인들과 좋은 관계를 유지하는 데에 힘써야 한다. 이처럼 현지인들과의 좋은 관계를 유지하며 함께 팀을 이루어 일할 때 효과적인 선교를 할 수 있는 것이다. 팀 리더십의 유익에 관해 명성훈은 이렇게 말한다.

현대의 리더십은 영웅적인 리더십이 아니다. 물론 전체를 총괄하고 대표하는 지도자가 있어야 하지만 보다 효과적인 사역을 위해서는 팀 리더십이 각광을 받고 있다. 지도자는 대개 고독하기 마련인데 팀 리더십은 이러한 지도자의 고독을 해결해 준다. 상호 간 교제와 협력을 통하여 서로의 짐을 덜어주고 피차 권면할 수 있는 장점이 있다(살전 5:14). 팀 리더십은 또한 조직성과 통일성을 소속된 단체에 심어준다. 무엇보다도 팀 리더십은 불완전한 한 사람이 모든 것을 독점하여 전체를 망치게 하는 일을 여러 면에서 방지해 준다. 예수께서도 제자들과 함께 팀 리더십을 행사하셨고, 사도 바울도 바나바와 실라, 혹은 디모데를 중심으로 팀 리더십을 조직하였다.[142]

훌륭한 리더는 개인 리더십보다는 팀 리더십을 중시한다. 아무리 훌륭한 리더라 할지라도 혼자서 모든 일을 다 할 수는 없다. 스포츠 경기에서 감독이 승리하려면 좋은 선수들로 구성된 팀이 필요하듯이 조직도 성공하려면 좋은 리더들을 중심으로 이루어진 팀이 필요하다.[143] 김성태는 선교사에게 왜 팀 사역이 중요한지를 잘 설명해 준다.

현대 선교학자들은 팀 사역의 중요성을 깊이 인식하고 있다. 지나간 선교 역사를 볼 때 팀 사역이 원활하게 잘 이루어진 선교지에서는 성공적인 선교의 결실이 맺어졌다. 그러나 팀이 분열되어 상호 불신과 반목이 계속되었을 때는 선교사역 자체가 타격을 받았을 뿐만 아니라, 선교지의 현지인들에게 비웃음을 받게 되었다. 선교는 한 사람의 선교사가 영웅적인 수고를 통해 카리스마적인 지도력을 발휘하면서 모든 것을 홀로 주관하는 사역이 아니다. 분명 성경이 보여주는 선교는 각양의 은사를 가진 지체들이 예수그리스도 안에서 서로 연합하고 유기적으로 연락하여 하나님의 나라를 확장하는 일이다. 이러한 팀 사역은 근대선교의 아버지라 불리는 윌리엄 케리 선교사의 삶 속에서도 잘 나타난다. 그는 팀 사역의 중요성을 늘 강조하였을 뿐 아니라, 스스로 세람포어 트리오(Serampore Trio)라고 불리는 마쉬맨(Marshman), 워드(Ward)와 함께 공동체 생활을 하며 철저히 팀 사역의 모범을 보였다.[144]

선교는 관계이다. 선교는 관계에서 시작되고 관계로 지속되고 관계로 열매 맺는다. 그러므로 선교사는 선교에 있어서 무엇보다도 관계가 우선됨을 항상 명심해야 한다. 이를 위해 선교사는 "아무 일에든지 다툼이나 허영으로 하지 말고, 오직 겸손한 마음으로, 각각 자기보다 남을 낮게 여기는" 그리스도의 마음을 품어야 한다(빌 2:3-5).

5장

선교사의 성경적 리더십 이양 방안

자립정책 문제
1. 삼자정책
2. 선교정책

아비 리더십
1. 아비론
2. 시대와 세계관의 차이
3. 해산 및 양육
4. 파송 및 돌봄

동역 리더십
1. 선교회와 현지 교회의 관계
2. 협력
3. 위임(사역분담)

5장

선교사의 성경적 리더십
이양 방안

자립정책 문제

허버트 케인은 "우리는 서양의 문화로부터 기독교의 교리를 분리하는데 실패했다. 도대체 어떤 결과들이 나타나게 되었는가? 아시아에서 기독교는 항상 '외국 종교'로 간주되었으며, 아프리카에서는 '백인 종교'로 간주되었다. 한마디로 우리는 기독교를 토착화시키지 못했다"[145]라고 평가했다. 그것은 곧 선교사들이 선교지에 기독교를 토착화시키는 데 실패했고, 현지인에게 리더십을 이양하는 데 실패했다는 것을 의미한다. 그래서 음비티는 "선교사들이 아프리카를 기독교화하였다. 이제는 아프리카인들이 기독교를 아프리카화 할 때가 되었다." 라고 한 것이다.[146]

알렌도 허버트 케인과 같은 말을 하였다.

모든 곳에서 기독교는 아직도 이국적이다. 우리는 아직도 이방 지역에 기독교를 심어 토착화시키는 데 성공하지 못했다. 모든 곳에서 우리의 선교는 의존적이다. 그들은 우리에게 리더와 교사와 통치자를 요구하고 아직도 그들 나라의 필요를 스스로 공급할 수 없다. 지난 50-60년 동안 사람과 돈을 지원했던 사역은 지금도 여전히 돈과 사람을 보내달라는 끊임없는 요청으로만 지속될 뿐 이 같은 요구는 바뀔 희망이 전혀 보이지 않는다. 만일 우리가 사람과 돈을 보내지 않는다면 선교는 실패할 것이다. 모든 곳에서 우리는 같은 유형을 볼 수 있다. 우리 선교회는 다양한 특성의 서로 다른 나라들에 있으나, 그러나 이 모두는 서로 놀랍게도 닮은 꼴이다. 우리는 의존적인 획일성의 표식이 성공이 아닌 실패의 표식이라고 생각하기 시작했다. 우리는 우리 선교가 이국적이고, 의존적이고, 획일적인 것을 보면서 자신들에게 실패를 나무라기 시작했다.[147]

그렇다면 실패의 원인은 무엇인가? 알렌은 실패의 원인으로 다음을 들고 있다. 첫째로, 인종적, 종교적 교만이다. 둘째로, 믿음의 결여가 우리로 하여금 원주민의 독립을 두려워하고 불신하게 만들었다. 우리는 모든 면에서 회심자들이 우리를 향하고, 우리 지도를 받아들이도록 했다. 우리는 그들에게 순종 외에 요구한 것이 없다.[148]

선교 전략에 있어서 자립적 토착교회 설립을 강조했던 알렌은 선교사들에게 다음과 같은 중대한 도전을 주었다.

비록 서구의 사람과 자원이 풍부하게 공급되어서 온 지구 위를 수백만의 외국인 선교사로 뒤덮고 곳곳마다 견고한 선교 기지들을 세워놓는다고 할지라도 이러한 방식들은 곧 약하다는 것을 드러내게 될 것이다. 이러한 외국 선교 기지를 통해서 전파된 기독교는 불가피하게 토착민에게 이질감을 느끼게 할 것이다. 원주민들은 이 같은 것을 볼 때 외국 사람들이 자기들 교파 확장이나 하는 것으로 간주할 것이고 그들 스스로도 사회적 독립을 도둑질 당하는 것처럼 생각하게 될 것이다. 만일 신앙이 자기 것이 되지 못하거나 자기 스스로의 힘에 의해서 사람들 사이에 전파되지 못하는 것이라면 그것은 매우 위험하고 부정적인 영향을 미치며 사람들에게 뭔가 이질적으로 비춰지게 될 것이다.[149]

허버트 케인은 지금까지의 선교방식에 문제를 제기하면서 초대교회 선교 방법을 예로 들었다.

1세기에 기독교는 날마다 여기저기 돌아다니며 복음을 전하는 것을 의무로 여겼던 평신도들에 의해 주로 전파되었다. 그러나 서구에 있는 한 교회는 한 명의 목사를 가져야 한다. 그는 전임으로 일하며 회중에 의해서 충분한 지원을 받아야 한다. 우리는 이러한 성직 체제를 선교지에 수출하였다. 초기 몇 년 동안에 우리는 목사들에게 지불하기 위해 외국 기금을 사용하였다. 게다가 최근에는 이러한 짐을 교회들에게 넘기려고 시도하였다. 몇몇 교회들은 전임 목사 한 명을 지원할 수 있었지만 많은 교회들은 그렇게 할 수 없어서 유급 목사들은 고통스러울 정도로 낮은 급료를 받고 있다. 결과적으로 젊은이들은 목회자로 부름을 받았다고 느끼는 사람이 거의 없게 되었다. 우리는 교회가 전임 유급 목사 없이는 진정한 교회가 될 수 없다는 잘못된 인상을 심어주게 되었고, 도달하기 어려운 기준을 세웠다.[150]

이러한 문제들을 해결하기 위해, 원주민들이 교회를 세우고 인도하는 토착교회 설립운동으로 삼자정책이 제시되었다.

1. 삼자 정책

영국 성공회의 선교기관이었던 교회선교협회(Church Missionary Society)를 중심으로 선교지에 자립 교회를 세우는 자립 교회 선교 전략이 19세기에 제안되었다. 교회선교협회의 지도자였던 헨리 벤(Henry Venn)은 선교사나 선교회가 영구히 토착 교회를 도울 수 없음을 인식하고 자립적인 토착 교회를 세워야 할 것을 강조하였다. 이것은 선교지의 교회가 하루속히 선교사의 도움 없이 스스로 다스리고(self-government), 스스로 부양하며(self-support), 스스로 전도하는(self-propagation) 교회가 되는 것을 의미하는 것이었다. 헨리 벤의 전략은 거의 동시대에 미국 해외 선교회의 지도자였던 앤더슨(Rufus Anderson)에 의해 미국에서도 소개되었다. 앤더슨은 선교의 목표가 불신자들의 개종과 교회의 설립 그리고 궁극적으로는 완전히 자립적인 토착 교회를 세우는 것이라고 강조하였다. 앤더슨도 헨리 벤과 마찬가지로 선교사의 초점을 자립적인 교회 설립에 두었다. 그러나 앤더슨의 전략은 헨리 벤의 전략에 비하여 자립의 척도를 재정적 독립보다는 자율적 전도에 두었다.[151]

앤더슨은 대부분의 선교사역이 사회사업에 집중하고 복음 전파에는 실패한 것을 보았다. 그는 선교회가 복음 전파를 위해 설립되었다는 결론을 내렸고, 학교는 토착교사와 전도자를 훈련시키려는 목적으로 세워져야한다고 믿었다.[152]

선교사들은 자치와 함께 자립을 강조하게 되었다. 그러나 선교사들이 자립을 너무 강하게 추진하면 우주적 교회의 확장을 방해하는 분리주의로 나아갈 수 있다. 하지만 이 세상의 교회는 한 몸에 속하며 민족주의에 의해 분열되어서는 안 된다. 교회의 사역은 막중하여 종종 재정적인 도움이 요구된다.[153]

한편 자전에 대한 강조는 많은 중요한 질문들을 야기했다. 교회가 세워진 후 선교사들은 다른 지역으로 옮겨야 하는가? 신생 교회는 스스로 사역을 감당하기 전까지 얼마나 강해야 하는가? 만일 신생 교회가 그 지역을 전도하지 않는다면, 선교회가 그 지역 전도를 지속할 책임이 있지 않은가? 만일 신생 교회가 자신의 사람들만 전도하고 같은 지역에 사는 다른 사람들을 등한시한다면, 그 지역 교회가 반대할지라도 선교회가 다른 사람들 가운데 일해야 하지 않는가?[154]

선교회와 교회의 좋은 관계가 최우선의 목표인가? 선교회와 교회의 관계는 그 자체로 별로 중요하지 않다. 이 관계는 만일 그것이 사람들을 효과적으로 제자 삼도록 한다면 중요하다. 선교회가 신생 교회에 복종하여, 아직도 복음을 듣지 못한 광대한 지역이 있음에도 불구하고, 선교지의 복음 전파를 철회한 것은 비극이다.[155]

카메룬 교회들 중에 재정적 자립을 한 오래된 교회들이 전도의 사명을 감당하지 않고 현실에 안주하는 것을 볼 때, 교회의 본질을 상실한 자립은 회의를 가져온다. 반면에 재정적 자립은 이루지 못했으나 열심히 전도하여 교회를 성장시키고, 다른 교회를 개척하는 교회도 있다. 교회의 자립은 무엇을 위한 것인가? 그것은 무엇보다도 효과적인 복음 전파를 위한 것이어야 한다. 그것이 주님의 지상명령이기 때문이다.

네비우스(John Nevius)는 자립교회를 세우는 것을 선교의 목표로 세웠으나 삼자 원칙을 그대로 적용하지는 않았다. 그는 개 교회의 "지도자"들에게는 월급을 주지 않았으나 순회전도자인 "조력자"들에게는 월급을 지급하였다. 그는 자립을 고집하다가 자전을 잃는 우를 범하지 않았다. 그는 자립과 자전을 지혜롭게 조화하여 주님의 지상 명령을 효과적으로 성취하는 일에 역점을 두었다. 그러나 네비우스 선교 방법은 그 공헌에도 불구하고 경제 형편이 어려운 선교지 상황에서 도움 없이 자립만을 요구하는 것은 오히려 선교지 교회를 도말할 가능성이 있으며, 더 나아가 현지 교회에 서구의 가치관인 개인주의와 제도주의를 보급시키고, 반지성주의와 교파주의, 비정치주의와 고립주의의 부작용을 낳을 수 있다는 지적을 받았다.[156]

삼자 정책은 몇 가지 이유로 인해 비판을 받고 있다. 첫째로, 삼자 정책은 타문화 전도와 교회 개척에 참여하고 있는 모든 사람들에 의해 자동적으로 반복되는 "표어"가 되었으며 둘째로, 삼자 정책은 토착화와 혼동되고 있다. 한 지역 교회의 외부로부터의 기금 수령은 그 교회를 필연적으로 비 토착적 교회라고 표현할 만한 기준은 아니다. 예루살렘 교회조차도 어려움에 처해 있을 때 다른 이방인 교회들로부터 원조를 받았다(행 20-21). 교회가 자급 운영을 행하고 있지 못하기 때문에 그 교회가 덜 토착적이라고 말할 수는 없는 것이다. 셋째로, 삼자 정책은 맥가브란에 의하면 많은 사람들이 거부하거나 교회 성장이 침체한 지역에서는 적용하는 것이 불가능한 경우가 종종 있다. 그 외에도 삼자 정책이 필연적으로 효과적인 복음전도에 이르게 하는 것도 아니다.[157]

삼자 정책이 서구교회에 의존하던 교회들에 적용되었을 때 그 결과는 재앙이었다. 헨리 벤의 원칙은 인도에서 영국성공회에 수십 년간의 정체를 가져왔고, 시에라리온의 교회는 선교사들이 물러나고 토착 교회를 세운 1960년에 마비되었다.[158] 1950년에 시작된 서부 카메룬 침례교회의 주목할 만한 성장은 1955-1960년 사이에 중단되었는데 그 이유 중 하나는 선교회의 과도한 토착화 정책이었다. 크와스트(Lloyd Kwast)는 이 상황을 가리켜 "선교회가 전도로부터 완전히 철수함으로써 교회의 성장은 치명적인 타격을 입었다"라고 논평하였다.[159]

헨리 벤은 "경험상 한 선교지에 적용될 수 있는 원칙은 종종 다른 선교지에는 적용할 수 없다"라고 하였고, 앤더슨에게는 "삼자 정책보다 하나님의 인도를 따라야 할 것을 배웠다"라고 하였다. 관계에 있어 가장 중요한 것은 조직적인 구조가 아니라 서로에 대한 자세이다. 가장 이상적인 구조도 상호 존경과 신뢰와 협력이 없다면 비효과적일 것이다.[160]

뉴비긴(Lesslie Newbigin)은 삼자 정책이 몇십 년 동안 선교회들의 목표가 되었으나 이것이 잘못된 목표 설정임이 갈수록 더 인식되고 있으며 교회의 참된 자세는 의존도 독립도 아니고 상호 의존, 즉 하나님께 전적으로 의존하고 한 몸의 여러 지체가 상호 의존하는 것이라고 하였다.[161]

2. 선교 정책

삼자 정책을 자신의 선교지에 적용한 네비우스 자신은 "선교 계획들과 방법들은 이방인에게 진리를 전하는 방법이 다양한 것 같이 반드시 그 서로 다른 상황과 조건들에 맞추어 수정되어야 한다"라고 현지 상황에 따른 다양한 선교 방법의 채택을 주장했다.[162]

크롤리(Winston Crawley)는 "상황이 바뀌기 때문에 방법도 바뀌어야 하며 선교 방법에 최종적인 것은 없다. 바울에 의해 사용된 방법은 1세기 로마제국의 도시들에 적합한 것이고, 우리는 우리 시대에 맞는 방식을 발견해야 한다"라고 지적하였다.[163]

또한 맥가브란은 "어떤 하나의 방식만으로는 효과적인 선교를 이룰 수 없다"(No single formula achieves it)고 하였으며, 와그너도 일단 교회 성장을 위한 목표가 정해지면 언제나 그 목표를 이루기 위한 하나 이상의 방법이 있으며, 좋은 선교 방법은 많은 가능한 방법 중에서 가장 효과적인 방법을 선택하는 것이라고 했다.[164]

이들의 견해에 의하면, 삼자 정책을 유일무이한 선교전략으로 고집하기보다는 많은 가능한 방법 중의 하나로 생각하는 융통성을 가질 필요가 있다.

허버트 케인은 자립 정책에 있어서, 제3세계의 교회들은 자치에 중요성을, 선교회들은 자립에 중요성을 부여했으나, 교회와 선교회들의 다툼 속에서 그들은 가장 중요한 자전을 잃었다고 지적했다.

제3세계의 정부들은 식민지 지배로부터 독립을 얻었다. 제3세계의 교회들은 선교회의 지배로부터 독립을 요구하고 있다. 선교회들은 때로 부모들처럼 그들을 소유하려 하며 그들의 후손이 그들의 지배로부터 자유롭게 되는 것을 보려고 하지 않는다. 교회들은 독립과 자치를 동일시하였고 그것을 바랐다. 반면에 선교회들은 독립을 자립과 동일시하였고 그것을 재촉하였다. 계속된 말다툼 속에서 교회와 선교회들은 무엇보다도 가장 중요한 자전을 잃었다.[165]

허버트 케인은 선교지의 교회들이 자전을 잃은 것은 교회들의 책임이기보다는 교회들에게 전도의 사명을 가르치지 않은 선교사들에게 먼저 그 책임이 있다고 하였다. 선교사들이 계속 다른 사역지로 이동할 때, 뒤에 남겨진 교회들은 현실에 안주하는 데 모든 에너지를 썼다는 것이다.

대체로 선교사들은 선교하는 교회들을 키워내지 못했다. 대다수의 교회들은 그들 자신의 존립을 유지하는 것에 만족하였다. 이것은 특히 두 번째와 세 번째 세대 교회들에게서 증명되며 이들 중 많은 교회가 오래전에 그들이 가졌던 복음 전도의 열정을 잃었다. 교회가 이러한 사태에 전적으로 책임이 있는 것은 아니다. 선교사들 자신도 개척적인 복음 전도가 교회의 일이 아닌 선교회의 일이라는 생각을 조장하는 데 공헌했다. "선교사"(missionary)라는 단어는 오직 서양인들에게만 적용되었다. 복음을 전하는 데 봉사한 현지인들은 "전도자"(evangelist)라고 불렸다. 두 용어 사이의 구별은 매우 분명하였다. 제3세계의 교회들이 주님의 대위임에 대해 거의 알지 못하고 별로 관심을 갖지 않는 것은 당연하다. 교회들은 개척적인 복음 전도가 교회의 책임이 아니라 선교회의 책임이라는 생각을 가졌다. 선교사들이 계속해서 이동할 때 그들이 뒤에 남겨둔 교회들은 교회의 존재를 존속시키는 데에만 만족했다. 그리고 이 일을 위해 그들의 에너지와 자원의 대부분을 소모시켰다.[166)

20세기 선교방식은 두 가지 기본 패턴으로 특징지어진다. 에큐메니컬 운동과 지상대위임령 선교(Great Commission Missions)가 그것이다.

먼저, 에큐메니컬 운동은 다른 종교와 대화하되 회심시키려고 하지 말아야 한다는 것이다. 추수할 땅에도 씨 뿌리는 것이 우선적인 방식이 되어 버렸다. 에큐메니컬 방식은 또한 인류애적인 사역을 강조했고, "순종함으로 동역함"(partnership in obedience)을 모토로 채택했다. 이 모토는 책임과 권위가 분배되어져야 하며, 선교지 교회에 주어져야 한다고 한다. 이런 노력은, 만일 그들이 개종 노력을 등한히 하거나 버리지 않는다면, 유용할 것이다.[167)

그러나 테리가 우려한 대로 에큐메니컬 운동은 파트너십을 위해 선교를 희생했다. 이에 대해 헤셀그레이브는 다음과 같이 말했다.

WCC와 관련된 교회들에서 제3세계에 파송한 타 문화권 선교사들의 수는 지극히 적다. 반면에 복음주의자들은 지금도 여전히 세계 선교의 주축을 이루고 있다. 에큐메니컬 교회들이 교회 상호 간의 협력 관계에 있어서 더 바람직한 접근으로 본을 보여 왔다. 문제는 그들이 그 과정에서 그들의 선교(회)를 희생시켰다는 것이다. 이 경우에도 복음주의자들에게 여전히 남아있는 한 가지 질문은 우리가 어떻게 선교를 희생시키는 일 없이 제3세계 교회 지도자들을 동등한 반려자로서 진실하게 대하는가를 증명할 수 있는가 하는 것이다. 의심할 바 없이 우리는 가르치는 자일뿐만 아니라 배우는 자이어야 한다는 것을 깨닫게 되었다. 대부분의 복음 전도자들은 개척 전도와 교회 확장을 수행하는 그들의 선교사들 입지에 영향을 미칠 교회 상호 간의 협력 관계를 명확하게 거부할 것이다. 제 3세계 교회 지도자들은 이것을 인식하고 고려할 필요가 있다.[168]

에큐메니컬 교회 지도자들은 선교회와 선교지 교회 간의 바람직한 협력관계인 파트너십을 추구하는 과정에서 선교를 희생시켰다. 그들은 현지 교회와의 협력관계를 선교보다 더 우선한 것이다. 그러나 복음주의자들의 생각은 달랐다. 복음주의자들은 만일 선교지 교회와의 협력관계를 위해 선교가 영향을 받는다면, 선교지 교회와의 협력관계를 단호히 거부하였다. 그 어느 것도 선교를 대체할 수는 없기 때문이었다.

20세기의 두 번째 선교 방식은 지상대위임령 선교로, 제자 삼기를 추구하고, 이 제자들을 지역 토착교회 안에 모으며, 그들을 그리스도인의 삶과 사역에서 훈련한다.

지상대위임령 선교는 교육과 훈련 사역, 의료, 개발, 봉사 등의 인류애적인 노력을 포함한다. 그럼에도 불구하고 이러한 인류애적인 노력은 제자를 삼고, 교회를 세우는 수고의 부분은 될지언정, 전도의 대체는 될 수 없다. 선교는 결코 두 가지 주요 목표인 전도와 교회설립을 잊지 말아야 한다. 효과적인 선교전략은 재생산의 특성을 갖추어야 한다. 선교활동의 목표는 책임 있고 재생산하는 신자들을 책임 있고 재생산하는 교회들에 편입시키는 것이다. 효과적인 선교전략은 하나님 나라의 성장에 중점을 둔다.[169]

지상대위임령 선교는 하나님 나라 성장에 기여하였다. 그러나 효과적인 전도와 교회설립에 주력하다 보니 현지 교회와의 협력관계를 등한히 하였고 지배하려는 자세를 갖게 되어 간섭주의(paternalism)라는 비난을 받게 되었으며 어쩔 수 없이 선교지를 떠나야 하는 불행한 결과를 가져오게 되었다.

이제 선교는 더 이상 서구교회의 전유물이 아니다. 세계교회의 중심축은 이동하고 있다. 지금 교회 교인 수와 선교 참여도에 있어 북반구 중심에서 남반구로, 서구 세계 중심에서 제3세계로 균형 관계가 뒤바뀌는 과정에 있다. 그리하여 서구 출신의 제3세계 선교사들을 후원하는 일들이 가능해졌고, 국제적인 선교 팀을 권장할 수도 있게 되었다.[170]

헤셀그레이브가 제안한 대로 서구 교회들이 서구 선교사만 파송할 것이 아니라, 서구 출신의 아프리카인을 아프리카에 선교사로 파송하고, 아프리카인들과 함께 국제적인 팀을 이루어 선교한다면, 선교사들의 인종과 피부색에 저항하는 아프리카인들의 태도는 달라질 것이다. 안디옥 교회(선교회)를 이끌어가는 5명의 지도자들- 바나바, 니게르라 하는 시므온, 구레네인 루기오, 분봉 왕 헤롯의 젖동생 마나엔, 사울(행 13:1)- 가운데 2명의 아프리카인이 포함된 것은 오늘의 선교회들에게 시사하는 바가 많다. 이제 서구선교회에도 백인과 제3세계 선교사들이 함께 팀을 이뤄 리더십을 행사해야 할 때가 왔다. 그리고 인종과 대륙을 초월한 국제적인 선교팀을 구성하여 함께 일할 시기가 되었다. 이것은 성서적일 뿐만 아니라, 선교의 효과를 극대화할 수 있고, 또한 선교지에서 리더십 이양에 관한 갈등을 가라앉힐 수 있을 것이다.

아비 리더십

1. 아비론

오늘날의 복음주의 선교회는 두 가지 선교전략을 사용한다. 하나는 발판 이미지이다. 허드슨 테일러는 "나는 외국인 선교사는 건축 중인 건물 주위에 세워진 임시적인 발판과 같다고 생각한다. 발판은 가능한 한 빨리 제거되고, 가능한 한 빨리 다른 곳으로 운반되어 임시적인 같은 사역을 실행해야 한다"라고 하였다.

둘째는, 헨리 벤의 삼자 원칙이다. 선교사의 목표는 자립하는 지역 교회를 세우는 것이고 교회가 자립이 되면 선교사는 더 이상 교회에 목회적인 관여를 하지 않고 새로운 사역을 위해서 다른 지역으로 이동한다. 헨리 벤의 이와 같은 전략에 의하면 자립적인 토착 교회가 설립될 때에 선교지에서 선교사의 임무는 끝나도록 되어있다.

이처럼 복음주의자들의 두 가지 선교전략에 의하면, 선교사는 가능한 한 빨리 지역 교회를 세워 자립시키고 가능한 한 빨리 그곳을 떠나 다른 곳으로 이동하여 같은 사역을 시작해야 한다. 그리고 선교회는 전도의 대리점일 뿐, 어떤 경우에도 교회에 동화될 수 없다.[171] 이들은 지나치게 일과 시간에 집착하여 선교지 현지인과의 인간관

계를 소홀히 한 탓에 결국 아프리카 선교에 실패하였다.[172)

복음주의자들과는 반대로, 에큐메니컬 운동을 하는 선교회들은 선교지 교회와의 파트너십을 모토로 삼아 그들과 협력하고, 그들에게 동화되는 과정에서 선교(회)를 희생시키는 잘못을 범하였다.[173)

그러므로 복음주의자들은 선교를 희생시키지 않고, 간섭주의의 비난에서 벗어나 선교지 교회와 바람직한 동역 관계를 형성할 수 있는 방법을 모색해야만 할 것이다. 자립도 중요하고 파트너십도 중요하지만 정말 중요한 것은 효과적인 지상명령 성취이다. 선교지 교회가 자립하고 지상명령을 성취하지 못한다면 무엇을 위한 자립인가? 선교지 교회와 좋은 파트너십을 이루고, 지상명령을 희생시킨다면 무엇을 위한 파트너십인가? 선교의 목표는 주님이 분부하신 지상명령을 성취하는 것이다. 그 어느 것도 이것을 대체할 수 없고, 이것을 희생시켜서도 안 된다.

결국 선교사의 리더십 이양 과정에서 전통적인 복음주의자들의 전략(발판, 삼자 원칙)이나 에큐메니컬 운동의 파트너십 전략은 아프리카에서 성공하지 못했다. 앞에서 이미 살펴본 바와 같이 여러 선교학자들이 아프리카 선교는 실패했다고 진단했다. 때문에 저자는 지금까지 카메룬에서 사역한 선교사들이 실패한 전통적인 방식들을 답

습하는 대신에 새로운 시도를 해보려고 한다. 그것은 "선생-아비-자녀" 모델이다. 선교사가 처음에 와서 선교지에 적응하는 기간에는 가르치는 선생으로 일하고, 적응이 된 후에는 그들을 말씀으로 낳고 양육하는 아비가 되며, 그들이 장성하여 독립할 때가 되면 내보내어 완전히 자립할 수 있도록 아비로서 지속적인 보살핌과 격려를 하는 것이다.

바울은 고린도 교회에 "그리스도 안에서 일만 스승이 있으되 아비는 많지 아니하니 그리스도 예수 안에서 복음으로써 내가 너희를 낳았음이라"라고 하여 자신은 이들에게 스승이 아니고 아비라고 하였다(고전 4:15). 그는 디모데나 오네시모도 아들이라 불렀다(딤전 1:2,18; 몬 1:10).

그러면, 바울이 말하는 아비는 어떤 사람인가? 첫째로, 복음으로 자녀를 낳는 자이다(고전 4:15). 둘째로, 복음으로 낳은 자녀안에 그리스도의 형상이 이루기까지 해산하는 수고를 하는 자이다(갈 4:19). 셋째로, 자녀를 세상에 보내는 자이다(요 17:18). 넷째로, 아들에게 폐를 끼치지 아니하고, 아들을 위해 재물을 저축하며, 아들을 위해 재물을 사용하고, 자신을 내어주는 자이다(고후 12:14-15). 다시 말해 아비는 아들을 위해 자신을 희생하는 자이다. 이처럼 아비는 복음을 전파하여 거듭나게 하고(전도), 거듭난 자녀의 성장을 위해 수고를 아끼지 아니하며(양육), 성장한 자녀를 복음전파를 위해 세상에 보내고(파송), 그 자녀를 위해 재물을 사용하고, 자신을 내어주는 자이다(후원).

바울이 말하는 '아비'는 허드슨 테일러가 말하는 '공사장의 발판'처럼 교회가 세워지면 가능한 한 빨리 제거되고 가능한 한 빨리 다른 곳으로 옮겨져서 같은 일을 시작해야 하는 존재도 아니고, 헨리 벤의 '삼자 원칙'대로 교회가 자립하면 떠나야 하는 존재도 아니다. 아비는 자녀가 태어날 때부터 성장기를 거쳐 독립해서 나간 후까지도, 그의 생명이 붙어있는 그날까지 자녀와 진한 혈육 관계를 유지하고 자녀를 위해 모든 것을 내어주는 자이다. 이 아비-아들 관계는 간섭주의를 암시할 수도 있는 아비-아이 관계가 되어야 한다는 것은 아니다. 그것은 성숙한 아버지의 성숙한 아들에 대한 관계일 수 있다.[174]

그래서 "간섭주의"와 차별을 두기 위해 "성경적간섭주의"(biblical paternalism)란 용어를 사용하는 것을 고려한다.

2. 시대와 세계관의 차이

1929년부터 자이레에서 사역한 딘(M. W. A. Deans) 선교사는 다음과 같이 기록했다.

사도 바울의 선교사역은 그 '이동성'으로 특징지어진다. 그는 믿을 수 없을 만큼 짧은 시간에, 성령의 은혜로, 지역 교회를 형성하였다. 그는 고린도에서 새로 구성된 회중과 1년 6개월을 머물렀고 에베소에서 2년 3개월을 머물렀다. 그는 후에 로마에서 2년 동안 살면서 복음을 전했다. 신자들이 구원받은 후 바로 그들의 장로들 및 집사들과 함께, 그들과 함께 했던 선교사들의 도움 없이 신앙생활을 한 것이 분명하다. 이처럼 순회하는 방식은 오늘날 우리가 선교기지에서 행하는 방식과 몹시 대조된다. 우리가 도착했을 때 우리는 문맹이고, 거의 벌거벗었고, 부족 간의 전쟁으로 끝없이 서로 죽이는 사람들을 만났다. 이들은 병에 걸리면 노련하게 권세를 보여주는 무당들에게 재물을 바치는 것 외에 별다른 치료수단이 없었다. 갖가지 질병으로 유아사망률은 70%에 육박했다.

의료사역은 하나님의 축복이었으며 선교사가 세운 학교들은 복음 전파와 신자 교육을 위해 주님이 우리에게 허락하신 빛나는 수단이었다. 지금 자이레 신자들은 전도사역에 앞장서있다. 자이레 형제들이 사역에 앞장서게 하기 위하여 선교사들은 뒤로 물러섰지만, 그것은 '버리는' 것이 아니라 '지우는(기억을)' 것을 의미한다. 지금 아프리카 신자들은 완전한 자립을 소유하였다. 이 지역 교회들을 위한 발판은 두려움 없이 제거될 수 있다. 그들은 혼자가 아니고 성령께서 함께 하시기 때문이다! 그러나 학교와 병원들은 어떻게 하는가? 그들이 의료, 학원, 인쇄, 고아원 사역의 책임을 맡을 수 있는가? 이것이 지역 교회들의 책임인가? 자이레인들이 이런 사역들을 복음 전파에 도움 되는 사역으로 인정하여 지속할 것인가? 이 질문들에 대한 대답은 나라마다 다르다.[175)]

아프리카 선교사들은 딘 선교사의 말에 공감이 갈 것이다. 바울의 시대와 우리의 시대는 다르다. 바울이 순회하며 선교했으니, 선교사들은 한 지역에 정착하지 말고 바울처럼 순회하며 선교해야 한다는 주장은 시대의 차이를 간과하는 것이다.

그렇다면 바울 시대와 우리 시대 사이에는 어떤 차이가 있는가?

첫째로, 문화적인 차이다. 바울은 주로 유대인들에게 전도했다. 거기에는 타문화권 선교에 필요한 적응 기간이나 문화충격이 거의 없었다. 물론 후에 그가 이방인들에게 선교했으나, 그들은 당시 세계를 지배한 헬라 문화권에 속해 있었으므로 모두 같은 언어를 사용하는 같은 문화권이라고 볼 수 있는 것이다. 그러나 오늘날의 선교사들은 모국 문화와 전혀 다른 타 문화권에 가서 선교한다. 그들이 선교지의 문화에 적응하고 언어를 익히는 데만도 상당한 시간이 필요하다.

둘째로, 시기적인 차이다. 바울 시대는 복음 전파의 초창기였다. 그 당시에 복음은 팔레스타인 지역에 국한되어 있었으므로 시급히 다른 지역으로 확산시킬 필요가 있었다. 그러나 이 일을 감당할 선교사들이 거의 없는 상황에서, 바울은 가능한 한 많은 지역에 빨리 복음을 확산시켜야 했기에 한 지역에 오래 정착할 상황이 아니었던 것이다. 그러나 오늘날은 10만 명이 넘는 선교사들이 거의 전 세계 모든 나라에서 사역하고 있다. 따라서 그들이 여기저기 순회하며 새로운 지역의 환경에 적응하는 데 시간을 소비하는 것보다, 한 지역에 정착하여 그 지역 선교의 전문성을 확보하는 것이 이 시대에 더 효과적인 선교라 하겠다.

셋째로, 전략적인 차이다. 오늘날 아프리카의 민족주의는 상당히 강하여 선교사들이 사역하기가 쉽지 않다. 랄프 윈터의 말대로 제4의 선교시대(자국인 선교시대, 선교의 토착화 시대, 제3세계 선교시대)가 온 것이다. "아프리카 선교는 아프리카인에 의해" 주도되어야 한다. 지금은 선교사가 전면에 서서 순회하며 일하는 것보다 전략 지역에 정착하여, 현지인 사역자들을 키워서 이들을 앞세워 일하게 하고 이들을 주위의 여러 지역에 파송하고 후원하는 전략이 훨씬 효과적이다.

서구 선교사들이 선교지 교회의 완전한 자립을 강조하고, 간섭주의에 강한 거부감을 갖는 것은 성경적인 근거에서라기보다는 서구적인 세계관의 영향인 듯하다. 사도 바울이 자립교회를 세운 후 간섭을 피하기 위해 가능한 한 빨리 떠났고 그 후에 더 이상 간섭하지 않았다는 근거를 성경에서 찾기는 쉽지 않아 보인다. 오히려 성경은 바울 자신이 개척한 교회를 아비의 심정으로 끝까지 돌보았다는 것을 보여주고 있다.

알렌은 다음과 같이 주장한다.

교회는 더 이상 바울에게 의존하지 않았다. 하지만 교회는 더 이상 바울에게서 독립한 것도 아니었다. 기회가 왔을 때 바울은 그가 세운 교회들에게 권위를 주장하였고, 그 권위는 주님으로부터 직접 받은 것임을 주저하지 않고 단언하였다(고후 10:8; 13:10). 그는 필요하다고 생각되면 반대자들의 입을 막았다. 그는 일반적인 원칙을 마련했고(고전 7:17), 또한 예배를 위한 지침도 주었다(고전11:34). 사람들이 그의 권위에 도전할 때면, 바울은 모든 말을 확정하기 위한 법정을 마련하자고 제안하였다(고후 13:1-2).[176]

헤셀그레이브는 "서구 선교사들은 그들이 세운 교회에 지나친 독립을 장려하는 문화적인 선입관을 갖고 있다. 모든 개신교 선교사들은 회중 원칙은 선교지에 적용될 수 없다는 보편적인 경험이 있다. 오히려 중앙집권적인 권위를 갖는 것이 선교에 도움이 된다"고 하였다.[177]

인간관계에 있어서 서구와 아프리카의 세계관에는 뚜렷한 차이가 있다. 서구인들이 개인의 독립을 강조하는 개인주의 세계관을 갖고 있다면, 아프리카인들은 서로 의존하고 도움을 주는 집단주의 세계관을 갖고 있다.

폴 히버트는 이 차이점을 다음과 같이 설명해준다.

서구의 세계관에서 가장 근본적인 요소 중의 하나는 개인이 사회라는 건물의 기초를 이루는 벽돌 한 장이 된다는 것이다. 각 개인은 분리된 정체성을 갖고 자율적인 개인이 되어야 하는 것이다. 그러나 많은 부족들과 동양에서는 사회라는 건물의 기초를 이루는 벽돌 한 장이 개인이 아니라 집단이다. 사람들은 자신들을 자율적인 개인으로 생각하지 않고, 그들이 소속된 집단의 구성원으로 본다. 즉 기본적인 관심이 개인에 있지 않고 집단에 있는 사회에서 개인의 정체성 추구는 아주 낯선 것이다. 한 사람은 한 집단에서 태어났으므로 그 사회 속에서 정체성을 갖는다.[178]

아프리카인들은 정이 많다. 이들은 함께 집단을 이루어 살기를 좋아한다. 이들은 서로 의존하고 간섭하는데 익숙하다. 자녀가 결혼하여 따로 살아도 그들은 결코 독립한 것이 아니다. 가족, 친척, 마을, 부족의 끈끈한 관계는 죽을 때까지 지속된다. 이런 아프리카인들에게 간섭주의가 반드시 나쁜 것도 아니고, 자립이 반드시 좋은 것만도 아니다. 서구의 가치관을 아프리카에서 고집하는 것은 재고해봐야 한다.

폴 히버트는 이에 대해 북미인의 자립 사상이 세계 많은 곳에서 반드시 긍정적인 가치를 가진 것은 아니며, 오히려 의존 관계가 이상적인 관계인 곳들이 있다고 말한다.

북미인들 정체성의 중심부에는 자기 의존이 있다. 그러나 자기 의존이 세계 많은 곳에서 반드시 긍정적인 가치만을 가지는 것은 아니다. 남아시아에서 이상적인 관계는 의존적인 사람들 속에 있다. 이런 관계는 후견인이나 피 보호인의 관계이다. 후견인은 부모처럼 그 피 보호인의 후생을 전적으로 책임진다. 자기 분야에 있어서는, 피 보호인이 전적으로 그 후견인에게 충성을 보여야만 한다. 그들은 서로 관계를 맺고 서로 유익을 얻는 것이다.[179]

폴 히버트의 견해에 의하면 자기 의존적인 '삼자 원칙'은 아프리카인들의 세계관에 부합되지 못하지만, 상호의존적인 '아비론'은 이들의 가치관에 잘 부합된다고 볼 수 있다. 호프스테드도 서부 아프리카인들은 "선의의 전제자"나 "착한 아버지" 상의 지도자를 선호한다고 하였다.[180]

3. 해산 및 양육

바울은 "그리스도 안에서 일만 스승이 있으되 아비는 많지 아니하니 그리스도 예수 안에서 복음으로써 내가 너희를 낳았음이라(고전

4:15)"고 하였다. 이 구절에 의하면 스승이나 아비나 모두 그리스도 안에 있다는 공통점이 있다. 그들은 모두 기독교인 지도자들인 것이다. 그러면 이 둘의 차이점은 무엇인가? 복음으로 자녀를 낳았는지이다. 아비가 복음으로 자녀를 낳은 자라면, 스승은 복음으로 자녀를 낳지 못하고 가르친 것뿐이다. 기독교인 지도자로서 복음을 가르치는 자는 많다(일만 스승). 그들은 스승일 뿐, 아비는 아니다. 그런데 스승이 아비 행세를 하려고 하니 간섭주의가 되는 것이다. 아비는 당연히 자기가 낳은 자녀를 간섭할 권리와 의무가 있다. 아비가 자녀에게 아비로서의 권리와 의무를 행하지 않는다면 그는 훌륭한 아비라고 할 수 없다. 선교사는 복음을 가르치는 스승의 역할에서 그치지 말고 한 걸음 더 나아가, 복음으로 자녀를 낳는 아비가 되어야 한다. 선교사에게 가장 중요한 사역은 복음으로 자녀를 낳는 아비가 되는 것이다.

바울은 "나의 자녀들아 너희 속에 그리스도의 형상이 이루기까지 다시 너희를 위하여 해산하는 수고를 하노라(갈 4:19)"고 하였다. 아비는 자녀를 낳을 뿐만 아니라, 자녀가 성장할 때까지 양육해야 한다. 바울은 양육의 어려움을 해산의 수고에 비유했다. 해산에는 1년 간의 수고가 필요하지만, 양육에는 그보다 더 많은 시간의 수고가 요구된다. 그럼에도 불구하고 선교사는 해산하는 수고에 못지않게 인내와 사랑으로 아낌없는 양육의 수고를 해야 한다. 주님께서 3년 동안 제자들을 양육하기 위해 모든 시간과 수고를 아끼지 않으신 것처럼, 선교사는 자신의 모든 것을 바쳐 영적인 자녀들을 성숙한 그리스도의 제자로 키워내야 한다. 그들을 영적 지도자로 키워내야 한다.

존 맥스웰은 "모든 유능한 리더십 멘토들은 삶의 첫 번째 우선순위를 리더를 개발하는 것에 둔다. 그들은 조직의 잠재력이 조직의 리더십 성장에 있다는 것을 안다. 조직에 유능한 리더들이 더 많을수록 조직이 성공할 가능성은 높아진다"라며 리더는 리더 양성에 삶의 우선순위를 두어야 한다고 하였다.[181]

히버트는 벵갈 보리수와 바나나 나무를 예로 들어 지도력의 유형을 설명했다.

"벵갈 보리수 아래서는 아무것도 자랄 수 없다"라는 인도의 속담은 지도력의 유형을 말하고 있다. 벵갈 보리수의 빽빽한 잎 아래서는 아무것도 자랄 수 없고, 그 나무가 죽은 후 그 땅은 불모의 땅으로 남는다. 그러나 바나나 나무는 그 주위에 끊임없이 다른 바나나 나무를 자라게 한다. 많은 지도자가 벵갈 보리수와 같다. 그들은 큰 사역을 하지만 일터를 떠나갈 때에 정작 그의 뒤를 이을 지도자가 없다. 그 이유는 그들이 추종자는 많이 만들지만 지도자로 훈련시키지 않기 때문이다.[182]

많은 지도자가 벵갈 보리수와 같아서 큰 사역을 하고 많은 추종자는 만들지만, 그들을 지도자로 양육시키지 않는다는 폴 히버트의 지적은 매우 중요하다. 왜냐하면 지도자 양육은 성공적인 교회와 선교를 위해 필수적이기 때문이다. 히버트는 다음과 같이 말했다.

지도자를 훈련하는 것은 우리에게 이득이 적다. 그러나 우리는 사람들이 스스로 생각하며 결정하며 우리의 신념에 도전하며 우리의 결정을 비판하도록 가르쳐야 한다. 그들이 사역을 인계받으면 우리를 능가할 것이며, 그들 자신의 성장과 업적은 그들의 공로가 될 것이다. 지도자를 훈련하는 것은 어렵다. 그들의 의견을 존중해야 하며, 우리의 의견에 대해 비평하도록 격려해야 한다. 그들이 우리에게 얼마나 동의하느냐가 아니라 얼마나 잘 사고하느냐에 따라 평가해야 한다. 지도자를 훈련하는 것은 단기적으로는 별로 효과적이지 않다. 하지만 장기적으로 보면 더 효과적이다. 젊은 지도자들이 훈련하는 사람의 비전을 수용하고 그 비전을 능가하도록 돕는 것은 매우 어려운 일이다. 하지만 이것은 성공적인 교회와 선교를 위한 기본적인 것이다(딤후 2:2).[183]

4. 파송 및 돌봄

아프리카는 지난 150년 동안 선교사들을 받아들이는 쪽에 있었다. 그러나 원래 아프리카 교회가 받기만 하는 약한 교회는 아니었다. 아프리카 교회는 초대교회 때부터 그 위치가 확실한 역동적인 교회였다. 이에 대해 강문석은 다음과 같이 말한다.

예수께서 이집트로 피난하셨고(마 2:13-23), 지금의 리비아인 구
레네인 시몬은 예수의 십자가를 졌고(눅 23:26), 이집트에 전파된 기
독교는 콥틱 교회를 알렉산드리아에 세웠다(AD 42). 그 후 기독교
는 나일 강을 따라 남쪽으로 내려가 수단(구스)과 누비아에 들어갔
다. 에티오피아 내시는 당시 수단 메로 대왕의 어머니 간다게의 시종
이던 관원이었다(행 8:26-40). 에티오피아 전통은 이 내시가 아프리
카 최초의 교회를 아디스아바바 근방에 세웠다고 한다. 오순절 성령
강림 시 애굽과 구레네가 있었고(행 2:10-11), 최초의 순교자 스데
반의 변론 현장에 구레네와 알렉산드리아인들이 있었다(행 6:9-10).
이들을 통해 아프리카는 여러 곳에 복음이 전해지고 교회가 세워진
것이다. 구레네에서 온 기독교인들이 안디옥의 기독교인들에게 복음
을 전파했다(행 11:20). 안디옥 교회에는 니게르(Niger, 검다는 뜻)
라는 시몬과, 구레네 사람 루기오가 있었다.(행 13:1). 그러므로 초
대교회 때부터 이미 아프리카 내륙지방 교회는 그 위치가 확실했던
것 같다.[184]

음비티는 기독교는 외래종교가 아니라 토착적이고 전통적인 아프
리카 종교라고 하였다.

아프리카에서 기독교는 매우 오래되어서 토착적이고 전통적인 아
프리카 종교라고 할 수 있다. 7세기에 이슬람이 시작되기 오래 전에

기독교는 북부 아프리카, 이집트, 수단과 에티오피아 일부에 자리를 잘 잡았다. 기독교는 터툴리안, 오리겐, 알렉산드리아의 클레멘트와 어거스틴 같은 위대한 학자들과 신학자들을 배출하는 역동성이 있었다. 아프리카 기독교는 아프리카에 지대한 공헌을 하였다.[185]

이처럼 아프리카에서 오랜 역사를 가진 기독교가 아프리카인들에게 외래 종교로 인식된 데에는 선교 사명을 감당하지 못한 아프리카 교회들에 책임이 있다. 그러나 아프리카 교회에 선교 비전을 심어주지 못하고, 선교는 서구 선교사들의 몫이라는 인식을 심어준 선교사들에게는 더 큰 책임이 있다.

위대한 개척 선교사들 중 몇 사람은 선교사의 수나 그들의 열심 여부에 상관없이 세계의 비 기독교인들이 서양 선교사들의 노력에 의해서 충분히 복음화될 수 없다는 것을 깨달았다. 윌리암 케리는 "인도는 오직 그들의 후손에 의해서만 복음화될 수 있을 것이다"라고 했고, 리빙스턴도 아프리카 대륙에 대해 똑같은 말을 했다.[186]

아프리카 선교는 아프리카인들에 의해서 이루어지는 것이 가장 효과적이다. 그들은 같은 문화, 같은 언어, 같은 사고, 같은 피부색으로 인해 기독교가 외래 종교라는 부정적인 인식을 불식할 수 있을 뿐 아니라, 재정적으로도 적은 부담으로 큰 효과를 낼 수 있다. 이제 아프리카에서 사역하는 선교사들은 아프리카인 선교사들을 다른 아프리카 나라들로 파송하는데 힘을 기울여야 할 것이다.

예수는 "아버지께서 나를 세상에 보내신 것 같이, 나도 저희를 세상에 보내었다(요 17:18)"고 하셨다. 아버지는 아들이 장성하면 그를 독립시켜 내보낸다. 늙은 아버지가 아들을 떠나는 것이 아니라, 젊은 아들이 아버지를 떠나 다른 곳으로 가는 것이다. 이처럼 선교사는 아비로서 자녀를 양육하여 사역지로 보내야 한다. 그리고 아비로서 아들의 사역에 필요한 모든 후원과 지원을 아끼지 말아야 한다. 아비는 아들을 양육하여 파송할 뿐만 아니라 지속적으로 아들을 돌봐야 하는 것이다.

동역 리더십

1. 선교회와 현지 교회의 관계

선교회와 그들의 사역으로 인해 태어난 교회 간의 문제는 분명히 오늘날 선교의 첫 번째 문제이다. 허드슨 테일러나 헨리 벤 등은 선교사는 가능한 한 빨리 자립교회를 세운 후 다른 곳으로 떠나 같은 사역을 다시 시작해야 한다고 했으나 막상 선교지에서 자발적으로 떠나는 선교회가 드문 것은 사실이다. 그렇다면 선교회가 자발적으로 선교지를 떠나지 않는 이유는 무엇인가?

블란디에는 그 이유를 4가지로 요약한다.

첫째는, 선교회가 그 사역이 언제 끝나는지를 결정한다는 것이 매우 어렵기 때문이다. 지역교회를 세우는 것으로 충분한가? 전도 이상의 책임은 없는 것인가?

둘째는, 선교회는 선교지에 투자하고(건물 등), 종종 그것들을 포기할 준비가 되지 않았다.

셋째는, 토착교회를 세우기 위한 원칙에도 불구하고, 지역교회의 구조는 선교회가 지배하는 구조였다. 이 구조를 바꾸는 데는 오랜 시간이 필요하다.

넷째는 선교회가 종종 간섭주의자여서 탯줄을 자르는데 어려움을 갖는다. 사실은 선교회가 종종 현지 지도자들이나, 그들을 인도하는 성령을 신뢰하지 않는다.[187]

히버트는 스탠리 존스의 말을 인용하여 선교사와 현지 교회의 관계가 진정한 파트너십으로 이양하는 세 가지 단계를 다음과 같이 설명한다.

그 첫 단계는 의존관계이다. 사실상 선교사는 교회의 어머니 역할을 했으며, 성장의 책임을 상당히 감당하였다. 그러나 새 신자들은 자신들의 발로 일어서야 하며 독립하는 것을 배워야 한다. 새 신자들은 자신들의 정체성을 확립한 후에야 선교사들과의 상호관계를 올바로 확립할 수 있고, 그때에 동등 관계에서 사역이 가능해진다. 의존관계에서 독립 관계로의 전환은 어렵고 많은 인내가 필요하며 선교사와 새 신자 양자 간의 상호이해가 필요하다. 위험한 것은 선교사 편에서 손을 떼면 무엇이 잘못될지도 모른다는 노파심 때문에 너무 오랫동안 부모의 역할을 붙잡고 있다는 것이다. 기독교인은 항상 성장해야 한다는 것을 배울 필요가 있으며, 자기들의 실수가 용납될 때 성장하는 것이 가능하다. 의존에서 독립 관계로의 두 번째 전환도 역시 중요하다. 그러나 우리의 궁극적인 목적은 기독교적인 개인주의가 아니라, 상호의존적으로 성도의 몸을 이루어가는 것이다. 상호관계가 복잡해질 때 다시 부모와 자녀의 관계로 되돌아오지 말고 한때는 우리에게 의존했던 그 사람들과도 대등한 관계로 일하는 것을 배워야 한다. 존스의 3단계적인 이해는 기독교인의 개인적인 관계를 이해하는 데에 도움을 줄 뿐 아니라, 선교사와 현지 교회와의 관계를 이해하는 데에도 도움을 준다. 이 관계도 의존적인 관계에서 시작하지만, 곧 독립적인 관계로 발전하고, 궁극적으로는 상호의존적인 관계까지 발전해야 한다.[188]

스탠리 존스의 지적대로 선교회와 현지 교회의 관계는 의존관계-독립 관계-상호의존관계의 세 단계로 발전해간다. 그중 상호의존의 단계가 효과적인 선교의 모습이다.

아뇨미(Seth Anyomi)는 아프리카 교회들에게 상호의존 관계는 문제가 되지 않으나, 선교사들이 이 관계를 받아들이려 하지 않는 것이 문제라고 지적하였다.

아프리카 교회 내의 파트너십에 관해서는 보다 명확한 정의가 필요하다. 아프리카 교회 상호 간의 협력에는 아무 문제가 없다. 그것은 공동체 문화 때문이다. 그러나 그것이 서구와의 협력에 관한 것일 때 어려움이 생긴다. 서로 다른 수준의 경제, 교육, 기술을 가진 상황에서 어떤 파트너십이 가능하겠는가? 불평등한 위치에 있는 당사자들 상호 간에, 평등한 관계를 세워나가는 것이 우리 앞에 놓인 과제이다. 우리 대부분은 하나님께서 일방적 의존관계가 아니라 상호 의존 관계를 원하신다는 것에 동의한다. 선교사들 간의 돌봄이 아프리카인 선교사들에게는 문제가 되지 않는다. 아프리카에서 사회적 공동체는 자신의 구성원뿐 아니라 그들 가운데 와 있는 외부인도 똑같이 돌보게 되어있다. 유일한 문제는 같은 나라 사람이든 외국인이든 간에 모든 선교사가 기꺼이 이러한 사회적 공동체의 일부가 되려 하는가 하는 점이다.[189]

현지 교회들이 더욱 성숙해질 때 선교회들은 이 교회들과 어떤 관계를 유지해야 할 것인가를 결정해야 한다. 3가지 가능성이 있다. 즉 병행(parallelism)과 협력(partnership)과 합병(fusion)이다. 많은 주요 교단들은 이미 "합병"을 받아들였다. 현재 그런 교단의 선교사들은 '형제 사역자들(fraternal workers)'로 불리고, 현지 교회의 감독과 관리를 받고 있다. 1928년 예루살렘에서 소집된 제2차 세계 선교대회에서 중국의 릉(Leung) 박사는 "이제 이후 선교부와 중국의 교회가 두 개의 평행적인 조직으로 보이게 해서는 안 되며 아직까지 선교부에 의하여 시작되었고 유지되었으며 또 재정이 조달되었던 모든 활동은 이제는 오직 중국인 교회를 통해서 표출되어야 한다. 나는 선교사들이 중국인 사역자들과 동등하게 대우받아야 한다고 생각한다. 그들도 여느 중국인 사역자와 똑같이 최고의 교회 직책이나 최고의 교회 회의 직책에 선출될 수 있을 것이다"라는 보고서를 제출하였다.[190]

그러나 복음 선교회들은 이렇게 발전하는 것에 대해 주저한다. 그들은 병행이나 협력을 선호한다. 병행에서는 파송선교회와 받아들이는 교회가 각각 자신들의 사역을 나란히 해나가는 것이다. 한쪽이 다른 한쪽을 보충하고 보완하는 것이다. 협력에서는 파송선교회와 받아들이는 교회는 친밀한 협력 가운데 일하기로 동의하고, 선교사들과 현지 지도자들이 같은 탁자에 앉아 공동계획을 시행하며 공동목표를 이루는 것이다. 어떤 계획이 수용되든지 간에 현지 지도자들이 결정을 내리는 자리에 있어야 한다는 것은 절대적인 명제이다. 현지 교회들의 완전한 자율성을 인정하고, 그들의 지도자들을 동등하게 대우하는 시대가 온 것이다.[191]

합병은 에큐메니컬 진영에서 받아들이는 방식인데, 편안히 안주하려는 현지 교회의 경향 때문에 선교가 희생되는 문제가 있다. 복음주의자들은 병행이나 협력을 선호하지만, 선교회나 현지 교회가 절대로 선교 비전을 잊지 말아야 한다고 허버트 케인은 강조한다. 그러나 선교회가 지역교회를 강화하기 위해 존재한다는 사실을 아는 한 완전한 동역(full partnership) 방식이 새 교회를 세우는데 가장 잠재력을 갖는다고 헤셀그레이브는 말한다.[192]

선교사와 교회와의 관계는 유익을 위하여 계속 유지되어야 한다. 계속적인 양자의 관계는 영적으로 자극이 되고 상호보완적이 되기 때문이다. 양자의 관계는 지배적이 아닌 코이노니아적이 되어야 한다(빌 1:15). 그것은 함께 참여하고 동반자가 됨을 의미한다.[193]

2. 협력

개신교 선교의 장을 연 윌리엄 케리 시대부터 선교회와 교회의 관계는 네 가지 발전단계를 거쳐 왔다. 첫째는 '개척자(pioneer)'로서 선교사 자신이 인도하고 많은 일을 해야 한다. 둘째는 '부모(parent)'로서 신생 교회는 선교회와 성장기 자녀 관계이다. 셋째는 '협력자(partner)'로서 부모와 자식 간의 관계에서 성인 대 성인의 관계로 바뀌어야 한다. 넷째는 '참여자(participant)'로서 완전히 성숙한 교회가 지도력을 맡는다. 선교회가 남아있는 한 선교회는 교회를 강하게 세워 지상명령의 목적을 달성하는 일에 은사들을 사용해야 한다.[194]

랄프 윈터는 개신교 선교를 세 시대로 나눈다. 첫째는 해안 선교 시대로 윌리엄 케리(William Carey)가 개척한 시대이고, 둘째는 내지 선교 시대로 허드슨 테일러가 주도한 시대이며, 셋째는 미전도 종족 선교 시대로 카메룬 타운센드(Cameron Tounsend)와 맥가브란에 의해 시작되었다. 제4의 선교 시대는 자국인 선교 시대, 선교의 토착화 시대, 제3세계 선교 시대이다. 그러므로 오늘날 선교사들의 역할은 선교지 교회와 협력하여 선교 교육을 시킴으로써 선교의 도전과 선교의 장을 마련해야 한다.[195]

오늘날은 선교회와 현지 교회가 선교를 위해 함께 협력해야 하는 시대이다. 버틀러(Philip Butler)는 그리스도를 효과적으로 증거하려면 협력 외에 선택권이 없으며 협력이 귀중한 이유는 성경적이고, 공동체 증거의 힘을 보여주며, 교회를 발전시키는 가장 효과적인 방식이고, 변덕스러운 상황 때문에 필요하고, 가용 자원들을 극대화하기 때문이라고 하였다.[196]

블란디에는 선교회가 현지 교회와 협력하는 과정에서 고려해야 할 사항을 다음과 같이 네 가지로 요약한다.

첫째로, 국수주의의 압력 하에 교회에 관한 결정을 내려서는 안 된다. 원주민들은 정치 문제에 일어나는 일과, 선교회와 교회 간에 일어나는 문제를 혼동하는 경향이 있다. 둘째로, 우리는 새로운 극단에 빠지지 않도록 주의해야 한다. 이전에는 선교회가 자신의 견해를 강요하고 선교사들이 우두머리였으나 오늘날은 오히려 원주민들의 견해가 너무 고려되는 경향이 있는 듯하다. 우리는 편견 없이 들을 수있어야 하며, 그러나 때로는 성서적 근거에서 거부하는 것도 알아야한다. 셋째로, 교회의 독립에 관해 말하는 것은 성서적이 아닌 듯하다. 사도 바울에 의해 세워진 교회들은 처음부터 독립적이었으므로독립의 문제는 결코 제기되지 않았다. 아프리카 교회는 장로 중에 선교사가 있거나, 또는 선교사가 목사일지라도 독립적일 수 있다. 넷째로, 예수그리스도의 교회에서 중요한 것은 국적이나 피부색이 아니라, 성령이 주시는 사역과 은사이다. 갈수록 인종주의로 분열되는 이세상에서 우리는 복음이 분열의 벽을 무너뜨리는 간증을 보여주어야한다. 우리는 실제적인 방법으로 교회의 보편성을 볼 수 있어야 한다. 우리는 그리스도의 은혜로 함께 살고 함께 일할 수 있다는 것을세상에 보여주어야 한다. 또한 시기와 상황을 고려할 수 있어야 한다는 사실을 기억하자. 우리는 선교회와 교회 관계의 유일한 모델을 찾으려 하지 않는다. 반대로 우리는 언제나 이 분야에서 우리를 지도할

참된 성서적 원칙을 추구해야 한다.[197)

그가 지적한 대로, 선교회나 교회는 하나님의 일을 위해 협력하는 과정에서 국수주의적인 사고나, 어느 한쪽이 주도하는 극단에 빠지지 말아야 한다. 또한 그는 교회의 "독립"이라는 용어 자체가 비성서적이며, 선교사가 지역교회의 목사일지라도 교회는 독립적일 수 있다고 한다. 왜냐하면 예수그리스도의 교회에서 중요한 것은 인종이 아니라, 성령께서 주시는 은사이기 때문이다. 우리는 인간적인 생각을 피하고, 언제나 성서적 원칙을 추구해야 할 것이다.

파리 복음 선교회가 1917년에 현지 교회들과 함께 "선교회와 교회는 협력한다. 선교사들과 목사들은 다양한 관할지에서 사역을 서로 분배한다. 교회를 이끌기 위해 카메룬 목사들과 선교사들로 구성된 교구위원회를 임명한다"라는 협약을 한 것은 선교회와 교회 관계의 가능성을 보여준다.[198)

바울의 선교는 현지인 협력 사역이었다. 그는 아볼로와 동역하였다(고전 3:5-9). 바울 곁에서 그의 사역을 돕던 인물들은 대부분 그의 사역지에서 얻은 사람들이고 그들 중 대부분은 이방인이었으며 불과 몇 명의 유대인이 있었을 뿐이다(골 4:10-11). 바울은 디모데와도 동역하였다(고전 4:17; 롬 16:21). 바울은 브리스길라와 아굴

라와도 동역하였다(행 18:18,26; 롬 16:5; 고전 16:19). 그의 사역의 초점은 동역자 훈련에 있었다(행 19장).[199]

바울은 교회들을 지배하려고 하지 않았다(고후 1:24). 그는 교회와 '교제'하고 '동역'하려고 했다. 여기서 교제(koinonia)는 동역(partnership)의 의미가 있다. 바울은 교회를 위해 계속 염려하였고(고후 11:28), 자녀 된 교회들에게 자신을 본받으라고 했으며(고전 4:15-16). 세워진 교회들은 기도와 선물, 동역자들을 통해 바울의 사역에 동참했다(빌 2:25; 4:16; 골 4:3). 신약의 코이노니아가 바울과 그가 세운 교회들 상호 간의 관심, 존경, 그리고 의무의 관계를 포함한다는 것은 명백하다.[200]

바울은 그가 세운 교회들에게 권위를 주장하고(고후 10:8; 13:10), 자녀 된 교회들에게 자신을 본받으라고 했다(고전 4:15-16). 그러나 바울은 그들에게 겸손하고 온유하고 관용하는 아비였다(고후 10:1). 바울은 "아비들아 너희 자녀를 격노케 말지니 낙심할까 함이라"(골 3:21)고 하여 아비들이 합당치 않은 언행으로 자녀들을 분노케 하고 낙심시켜서는 안 된다고 하였다. 바울에게 디모데는 아들인 동시에 동역자였다(롬 16:21). 바울은 빌레몬에게 "내가 그리스도 안에서 많은 담력을 가지고 네게 마땅한 일로 명할 수 있으나, 나이 많은 나 바울은 사랑을 인하여 오네시모를 위하여 네게 간구하노라. 다만 네 승낙이 없이는 내가 아무 것도 하기를 원치 아니하노니, 이는 너의 선한 일이 억지 같이 되지 아니하고, 자의로 되게 하려 함이라"(몬 1:8-10,14)고 하였다. 나이 많은 아버지 같은 그가 마땅히 빌레몬에게 명할 수 있지만, 오히려 겸손히 그의 동의를 구한 것이다. 이러한 자세가 진정으로 상호 존중하며 협력하는 동역의 자세인 것이다.

3. 위임(사역 분담)

맥파랜드(Lynne Mcfarland)는 "위임(empowerment)의 리더십은 지위 권력에서 벗어나 모든 구성원이 리더십 역할을 맡음으로써 그들 최대의 능력을 발휘할 수 있도록 해준다. 즉 위임된 사람들만이 자신의 잠재력을 충분히 발휘할 수 있다"라고 주장한다.[201]

맥스웰은 리더는 자신의 권위를 버리고 다른 사람들에게 공을 돌리려는 마음으로 일해야 한다고 했다.

자신을 신뢰하는 리더만이 자기를 버릴 수 있다. 마크 트웨인은 "누구에게 공이 돌아가는가에 신경을 쓰지 않으면 위대한 일을 해낼 수 있다"라고 했다. 당신은 거기에서 한 발 더 나갈 수 있다. 나는 당신이 공을 다른 사람에게 돌릴 때만 위대한 일을 해낼 수 있다고 믿는다. 스톡데일 제독(Admiral B. Stockdale)은 이렇게 단언했다. "리더십은 반드시 호의에 뿌리를 내려야 한다. 그것은 추종자들을 돕겠다는 분명하고 마음이 담긴 다짐을 말한다. 우리에게 필요한 리더들은 다른 사람들을 돕고자 하는 마음이 너무 강해서 실제로 자기 자신의 직무상의 필요까지도 버릴 수 있는 마음이 따뜻한 사람들이다. 그러나 이런 리더들은 직업이 없다거나 추종자들이 없는 경우가 결코 없다. 위대한 리더들은 권위를 버림으로써 권위를 얻는다"[202]

예수는 리더십이 무엇인지 잘 아셨다. 리더십이란 자기 혼자 일하는 것이 아니라 사람을 세우고 키워서 함께 일하고, 또 지도자가 없더라도 그 추종자들이 일할 수 있도록 훈련하는 것이다. 마가복음 3:14-15에서 주님이 열두 제자를 보내신 것은 위임을 의미한다. 리더십이란 위임하는 것이다. 위임하지 않는 것은 리더십이 아니다.[203]

현지인 지도자가 성장해가면서 리더십은 점차로 분담되어야 한다. 그러나 아비는 끝까지 아비로서의 위치와 역할이 있다. 선교사의 리더십은 현지 교회가 성장하고 현지인 리더십이 세워진 후에도 유지되어야 한다. 다만 리더십을 행사하는 방식이나 분야는 바뀌어야 한다. 그것은 부모가 어린 자녀를 대하는 방식과, 장성하여 독립한 자녀를 대하는 방식이 같을 수 없는 것과 마찬가지이다. 부모는 자녀가 성장해감에 따라 조금씩 더 자녀의 자율적인 선택권을 인정해주는 것이다. 마찬가지로 선교사도 현지 교회와 현지인 리더들이 성장해감에 따라 자신의 책임을 단계적으로 넘겨주어야 한다.

첫째로, 현지 교회를 현지인 지도자에게 이양해야 한다. 그 시기는 현지 교회 스스로 목회자를 책임질 수 있으며, 지교회를 세운 후로 한다. 선교사는 현지 지도자에게 진정한 자립이란 재정적인 자립은 물론이고 복음을 선포하는 자립(자전)임을 강조함으로, 현지 교회가 전도에 관심 없이 안주하려는 경향을 결코 허용하지 말아야 한다.

둘째로, 한 지역교회가 혼자 힘으로 목회자를 책임질 수 없는 경우에는(농촌교회, 지역교회), 2-5개의 교회가 힘을 모아 한 목회자를 책임지는 것을 원칙으로 한다. 그러나 현실적인 상황이 여의치 않은 경우는, 자립하는 현지 교회나 선교사가 그 목회자를 책임지되 기간은 최대 5년으로 한다. 만일 5년 후에도 상황이 바뀌지 않으면, 그 교회는 목회자 없이 평신도 지도자들이 나서서 인도하도록 하되, 그들은 선교사들과 현지 지도자들에 의해 매년 정기적인 훈련을 받도록 해야 한다.

셋째로, 자립 교회가 30개를 넘고 지역 교회들의 힘으로 최소 두 명의 선교사를 파송하면 현지 지도자들에게 총회의 책임을 이양한다. 그 시기는 선교회가 사역을 시작한 지 빨라야 20년 이후가 될 것이다. 이양 후에도 선교회는 계속 선교사를 파송함으로 현지 교회가 선교를 지속하도록 해야 한다. 뉴비긴(Nesslie Newbegin)이 "모든 교회는 아무리 작거나 약할지라도 복음을 땅 끝까지 전하는 일에 동

참해야 한다. 이것은 복음의 일부분이다. 만일 우리가 우리 이웃에게
만 복음을 전하려 한다면 우리는 그리스도를 모든 사람의 주로 고백
하지 않는 것이다"라고 한 것처럼 선교사는 가능한 많은 현지 교회가
선교에 동참하도록 격려해야 한다.[204]

넷째로, 선교회가 해외자금으로 세운 시설(병원, 고아원 등의 사
회사업)을 총회에 이양한다. 그 시기는 총회가 해외의 자금지원 없
이 이 시설들을 운영할 수 있을 때로 한다. 총회에 이양하는 즉시 외
부 후원은 중단하는 것을 원칙으로 한다. 선교사는 위의 4가지 사항
을 현지 교회와 지도자들의 성숙도를 보아가며 단계적으로 현지 교
회에 이양해야 한다.

그러나 선교회가 운영하는 학교들은 현지 교회에 이양하는 것을
늦출 필요가 있다. 그것은 선교사들이 교육을 통해 미래의 지도자들
을 키워내야 하기 때문이다. 또한 교육은 선교사들이 현지인들보다
잘 할 수 있는 분야이기 때문이다. 현지 교인들을 위한 설문조사에서
"어떤 선교사가 필요한가?"라는 질문에 응답자의 56%가 "교사"로서
의 선교사를 꼽은 것(표 5 참조)은 선교사들이 교육 분야에 은사가
있음을 보여주는 것이다.

카메룬의 명문 학교인 야운데 공업 중고등학교(Lycée Technique) 교사이며 바까로레아(baccalauréat, 프랑스 대학입학 자격시험) 출제위원인 쥐스탱(Justin Tchangam)은 카메룬 중고등학교 가운데 대학입학 성적 상위 1-5위 명문 학교는 전부 선교사들이 운영하는 미션스쿨이라고 하였다. "미션스쿨들은 진지하고 엄격하며 실력 있는 교사들이 가르치기 때문에 다른 학교들이 따라갈 수 없다"라고 하였다. 이처럼 특별히 선교사들을 통해 좋은 성과를 거두고 있는 학교들마저 자립을 명분으로 현지 교회에 서둘러 넘겨줄 필요는 없다.

허버트 케인은 선교사들이 아프리카에 한 공헌 중에 교육 분야의 공헌이 특히 뛰어났다고 하였다. 그는 "아프리카 근대화를 위한 선교사의 공헌은 대단한 것이다. 그들이 닦아 놓은 기초 가운데 특히 교육 분야의 공헌이 없었다면 암흑대륙의 단 한 나라도 오늘날 독립되지 않았을 것이라고 해도 과언이 아니다. 이 사실은 아프리카인들이 누구보다 잘 안다"라고 하였다.[205]

테일러는 아프리카에서 교육 선교의 중요성을 다음과 같이 말했다.
"교육은 아프리카 사회의 변화를 위한 가장 강력한 도구이며 가장 효과적인 전도의 도구이기도 했다. 연구 결과에 따르면 다른 어떤 방법보다 교육 선교를 통해 기독교인이 된 사람들이 더 많았다.

교육의 모든 측면과 영역에 대한 총체적인 기독교적 접근법이 개발되어야 한다. 이것은 21세기의 아프리카 교회를 기다리는 지대한 과업이다."[206]

그러나 김성태는 교육의 목표가 '교회 설립과 지도자 훈련'이 아닌, 단순한 '문명화'에 그쳤을 때 선교에 실패를 가져왔다고 중요한 지적을 하였다.

선교역사는 교육 선교에 대한 몇 가지 통찰력을 제공해주고 있다. 교회 설립과 그에 따른 지도자 훈련이 중요 목표가 되지 않고, 단순히 현지인들의 문화 수준을 높이며, 문명화가 곧 기독교화의 첩경임을 전제로 교육 선교를 실시했을 때, 인재를 양성하고 전반적인 사회 수준을 높이는 데 기여했는지 모르지만, 많은 경우 선교의 실패를 가져왔다. 초대 한국교회 선교역사에서 선교사들이 교육 선교를 실시했을 때 교회의 자생력을 높이고 궁극적으로 신앙지도자를 키우는 방향에서 사역하였다는 것은 좋은 교훈이 된다.[207]

솔토우는 교육 선교는 기독교의 이상으로 사회에 영향을 끼치는 광범위한 목적과, 기독교 가정의 자녀들을 교회 지도자로 양성하는 협소한 목적의 두 가지 상이한 견해가 있으나 토착교회의 설립과 그리스도를 위한 결과를 놓고 볼 때 두 번째의 협소한 목적이 미션 학교의 특징이 되어야 한다고 했다.[208]

앞에서 살펴본 바와 같이 선교사가 지향하는 교육 사업은 '단순한 사회사업' 차원이 아니라, '전도와 교회 설립과 교회 지도자 양성'을 목표로 해야 한다. 그럴 때 하나님의 나라가 확장되고 아프리카 사회가 변화되는 것이다.

교육 중에서도 선교지의 신학교육은 선교사역의 성패를 좌우하는 중요한 열쇠가 된다.[209]

1938년 탐바람에서 개최된 제3차 세계 선교대회에서 "현 신학교육의 실패는 기독교 사업 전체의 최대 약점 중 하나이다. 그러므로 교회들과 선교부들이 신학교육에 대하여 함께 연합하여 노력하고 더 많은 인적, 재정적 지원을 하지 않는 한 개선의 가능성을 기대하기는 어렵다"라고 하여 선교지에서의 신학교육의 실패를 인정하고 그 중요성을 강조하였다.[210]

대부분의 선교지 신학교들은 절대적인 교수 인력의 부족과, 도서, 그리고 시설의 한계에 직면해 있고, 현지 교회가 자력으로 교수 요원을 양성하기에도 역부족이라는 점에서 세계 선교의 중요한 과제이다.[211]

그렇다면 이 문제를 해결하기 위한 방안은 무엇인가?

첫째로, 현지 신학교 교수 육성에 직접적으로 관여할 선교사 자신의 학적 구비가 선결되어야 한다. 선교사들에게는 영적 인격적 탁월

성과 동시에 학적인 전문성이 기대되고 있다.[212] 신학대학들은 선교사들의 연장 교육을 장려하기 위해 장학금과 통신강좌, 선교지 방문 강좌 등을 마련해야 한다.

둘째로, 선교사들 간의 협력이 필요하다. 경쟁적으로 많은 소규모 신학교를 세우기보다는, 선교사들이 협력하여 수준 높은 신학교와 좋은 교과 과정을 개발해야 한다. 또한 인접 국가 신학교 간에 학생과 교수의 교류를 통해 교수 요원을 양성하고, 교수 증원의 효과도 기대할 수 있다. 나이지리아의 우무아히아(Umuahia)에서는 성공회와 감리교와 장로교가 협동하여 신학교를 세웠고, 남아프리카 공화국에서는 수년에 걸친 세심한 계획의 결과로 여러 개의 다른 교파들 공동으로 신학대학을 세웠다. 싱가포르의 트리니티 대학은 성공회, 감리교회, 장로교회가 합동으로 세운 것이다.[213] 이처럼 선교사들이 초교파적으로 협력하여 수준 높은 신학교육을 하는 것이 절실하다.

셋째로, 선교사와 신학대학들 간에 협력이 필요하다. 신학대학들은 교수들이 안식년이나 방학을 이용하여 선교지의 신학교에 가서 강의하는 것을 장려해야 한다. 또한 현지인 교수 양성을 위해 선교대학원을 설립하고 영어로 강의하는 국제적 프로그램의 개발이 시급하다.

선교지의 신학교육 문제 해결을 위해 기술된 제안들이 실행될 때 현지 신학교육에 큰 도움이 될 것이다. 그러나 그럼에도 불구하고 몇 가지 현실적인 문제들로 인해 그 실효성에는 한계가 있을 수밖에 없다.

첫째는, 신학교에 지원하는 자격 있는 학생들의 수가 부족하다. 우수한 학생들은 신학교 지원을 꺼리는 것이 아프리카의 현실이다. 우수한 교수들을 확보하더라도, 학생 수가 적으면 현지 교회에 필요한 인력수급에 차질이 생긴다. 둘째는, 현지 교회에 지도자가 부족한 상태에서, 지도자들을 신학교에 매주 4-5일 간 붙들어놓으면 교회에 지도자 공백 현상이 생긴다. 셋째는, 교회 지도자가 가족의 생계를 책임져야 하는 경우 집과 가족을 떠나 신학교에 다니면서 그 가족의 생계를 책임지기 어렵다. 넷째는, 교회 지도자가 소명은 있으나 학력이 너무 낮은 경우에는 수준 높은 신학교 강의가 굳이 필요하지 않다.

이러한 문제들은 아프리카뿐만 아니라, 제3세계 교회들의 공통적인 고민거리이다. 그래서 선교지의 교회들은 신학교육의 새로운 패러다임을 모색하게 된 것이다. 1960년대에 아프리카, 아시아, 그리고 라틴아메리카에서의 신학교육은 신학 연장 교육(Theological Education by Extension) 운동으로 놀라운 패러다임의 전환을 이루게 되었다. 이러한 새로운 운동이 필요했던 이유는 성장하는 교회의 상황에 빠르게 대처하여 지도자를 훈련시킬 만한 자금과 인력이

부족했기 때문이었다.[214]

　김연진은 신학 연장 교육의 유익에 대해 다음과 같이 말한다.

　1960년대에 중남미에 있는 선교사들은 심각한 문제에 부딪히게
되었다. 즉 많은 수의 토착교회 지도자들이 부족할 뿐 아니라, 목사
들은 대도시에만 머물려고 하였기 때문이다. 신학교 교육과정은 단
지 서구의 제도를 복사한 것이었고, 신학생들은 집과 교회를 떠나 학
교에서 3-4년 간을 보내야했다. 이러한 문제들 때문에 교회 지도자
들은 새로운 방식의 지도자 교육을 개발하게 되었다. 여기서 나온 신
학 연장 교육은 성숙하고, 목회적인 은사가 있는 기독교인들을 교회
지도자로 훈련시키는 프로그램이다. 그들은 봉사하는 현장을 떠나지
않고 가족까지 돌보면서 훈련을 받게 되고, 자기들의 배운 것을 직접
현장에 적용하는 유익이 있다.[215]

　신학 연장 교육 프로그램에 의해 학생들은 집에서 공부했고, 신학
교 지도자들과 매주 2시간 만났다. 지역 성경학교들은 지역교회 주
도로 3년간 매월 한 주 모였다. 선생들은 신학대학 졸업생이나 선교
사들이었다. 신학 연장 교육과 성경학교는 고등학교 과정이었고, 후
에는 대학 과정에서 '신학 학위'를 위한 입학 요건이 되었다.[216]

　신학 연장 교육(사역 중 훈련 패러다임)의 목적은 교회를 이끌 수

있는 지도자를 양성하는 것이다. 그래서 신학 연장 교육은 지역교회에서 리더를 찾는다. 그들의 됨됨이는 신자의 공동체에 의하여 확인되고, 그들의 멘토가 될 사람들에 의해 인정됨으로써 합법화된다. 신학 연장 교육은 지도자가 얼마나 효과적으로 교회를 변화시켜 세상속의 하나님의 선교에 참여시켰는지에 따라서 평가될 것이다. 그것은 현재 구조의 유지보다는 선교를 지향해야만 한다.[217]

신학 연장 교육은 아프리카처럼 인적, 재정적 여건이 열악한 상황에서 현지 교회 지도자를 양성할 수 있는 훌륭한 방법이다. 이 새로운 패러다임을 통하여 지역 교회에서 효과적으로 일할 수 있는 사역자들을 키워낸다면, 선교에 결정적인 도움이 될 것이다. 신학 연장 교육을 위해 본 논문은 다음과 같이 실제적인 제안을 하고자 한다.

(1) 각 지역교회는 성숙하고, 목회적인 은사가 있는 2명의 지도자를 추천한다. 이들은 각자 자신의 직업을 가지며, 지역교회를 무보수로 섬기는 평신도 지도자들이다.

(2) 선교회와 신학교는 매년 2명으로 구성된 신학 연장 교육 강사진을 구성한다.

(3) 교육은 매년 2차례 하는 것을 원칙으로 하고, 기간은 매회 2과목을 1주간 동안 한다.

(4) 한 차례 교육은 강사진이 각 지역의 중앙 교회에 모인 지도자

들을 교육한다. 숙식은 각각 현지 교회들이 책임지도록 한다.

(5) 다른 한 차례는 그들 중에서 모범적인 지도자들을 선발한 후, 선교센터(신학교)로 초청하여 교육한다. 이때는 그들을 격려하는 의미에서, 왕복 교통비와 숙식을 선교센터(신학교)에서 책임진다. 또한 그들 자녀에게 학비 일부의 혜택을 준다.

(6) 2주간의 교육 기간 외에는 그들이 지역교회에서 이행할 과제물을 준다.

(7) 그들 중에서 뛰어난 자들은 신학대학에서 공부할 수 있도록 한다.

리더십 이양 과정은 상호 간의 신뢰에 바탕을 두고, 단계적으로, 신중하게 이루어져야 한다. 그 과정에는 어떤 인종적, 정치적, 이기적인 동기도 개입되어서는 안 되며, 오직 하나님 나라 확장에 모든 초점을 맞추어 결정되어야 한다.

그러나 신학 교육만은 선교회가 그 나라를 완전히 철수할 때까지 계속 책임을 맡는 것이 좋을 듯하다. 현재 오래된 아프리카 교회들은 대부분 혼합주의에 오염되었는데, 이것은 1938년 탐바람에서 개최된 제3차 세계 선교대회에서 공인한 것처럼, 지금까지의 신학 교육이 실패했다는 증거이다. 그러므로 선교사들은 신학교를 책임지고 성경적인 신학 교육에 모든 것을 걸어야 한다. 이를 위해 몇 가지 제안을 하려고 한다.

첫째로, 신학교는 현지 교단 소속으로 하지 말고, NGO 소속으로 하든지, 여러 선교회들이 함께 협력하여 초교파 신학교를 운영하는 것이다. 이것은 신학교를 현지 교회에 이양하라는 압력을 피할 수 있을 뿐 아니라, 수준 높고 규모 있는 신학 교육을 할 수 있는 이점이 있다.

둘째로, 신학교 교수들을 각 선교회별로 안배하되, 각 교단의 정체성과 관계된 과목들(조직신학, 헌법 등)은 교단 별로 따로 강의할 수 있도록 한다.

셋째로, 신학교 책임자는 선교회별로 안배하고, 돌아가며 맡도록 한다.

넷째로, 신학교 책임자 가운데 일부는 현지인으로 하고, 재정의 대부분은 해외 이사회의 지원으로 충당한다.

이처럼 선교회들이 공동으로 신학교를 운영하게 되면 수준 높은 신학 교육을 하고, 신학교 사역을 중심으로 선교회와 교회 간에 상호 존중하며 협력하는 분위기를 만들 수 있을 것이다.

선교회는 마 28:19-20의 지상대위임령 성취를 위해 존재하며 그 모든 사역의 초점을 선교 명령에 맞추어야 한다. 신학교 사역도 효과적인 지상대위임령 성취를 위한 것이다. 그러나 선교사들이 신학교 사역을 통한 지도자 훈련에만 안주한다면 복음 전파를 강조하는 그들이 복음 전파를 등한시하는 모순에 빠질 수 있으며, 현지 교회와 갈등을 빚을 가능성이 있다. 트라이밍함(Trimingham)은 아프리카에서 사역하는 선교사들은 현지 교회들이 내부조직에만 관심을 갖고 전도에는 무관심하며, 자신들은 이처럼 전도하지 않는 교회들을 위해 교육이나 사회사업에서 일하는 상황에 동요한다고 했다. 이 같은 상황에 대해 와그너는 선교사가 선교 명령을 등한시하는 제도상의 교회를 섬기는 것으로부터 자유로워야 한다고 했다. 그는 선교사가 불신자를 전도하고 새로운 교회를 세워 현지 교단에 넘겨준다면 이 같은 선교사에게 집으로 돌아갈 것을 요구하는 현지 교회 지도자는 거의 없을 것이라고 했다. 랄프 윈터는 선교회와 교회의 긴장 극복을 위한 해결책으로 선교사들이 직접 전도와 교회 개척에 관여하는 것이라고 하였다. 결론적으로 말하면 선교회의 목표가 현지 지도자를 훈련하는 것에 그쳐서는 안 되며, 선교사들은 전도와 제자 삼는 사역의 목표를 잃어서는 안 된다는 것이다.[218]

요약, 평가 및 전망

요약

평가 및 전망

6장

요약, 평가 및 전망

요약

오늘날 아프리카 선교는 위기에 처해있다. 민족주의와 인종주의, 그리고 식민주의에 대한 반감으로 인해 현지인들의 선교사들에 대한 태도가 이전 세대보다 많이 부정적으로 바뀌었다. 게다가 교회들은 세속주의, 혼합주의, 종교 다원주의, 그리고 지도자들의 자질 문제로 인해 복음의 능력을 상실했다. 마침내 제3세계 교회 지도자들은 교회를 살리기 위한 극약 처방으로 선교사들에게 모라토리엄을 요구하기까지 이르렀다.

이처럼 아프리카 선교가 위기에 처한 것을 계기로 선교사들은 과연 자신들이 아프리카에서 성육신적 선교를 했는가 하는 자성을 해야 한다. 카메룬 개신교 선교역사를 살펴보면 선교사들이 현지인들을 지나치게 간섭하거나 현지 지도자들을 무시하는 등 간섭주의의 우를 범하여 현지인들의 반발을 일으켜 현지 교회에의 리더십 이양 과정이 바람직하게 이루어지지 않은 것을 알 수 있다.

그러나 성서적 리더십은 한마디로 지배하는 리더십이 아니라 섬기는 리더십이다. 카메룬은 비록 권위주의가 지배하는 사회이긴 하나, 이들이 생각하는 이상적인 지도자는 '선의의 전제자 또는 착한 아버지'이다. 카메룬 문화에서의 효과적인 리더십은 카리스마를 지닌 (전제자, 아버지) 리더십이기는 하나 대화의 리더십이요, 팀 리더십이며, 포용과 인내의 (착한) 리더십이다. 카리스마를 지닌 섬김의 리더십이라 할 수 있다. 이것은 성서적 리더십과 크게 다르지 않다.

아프리카인의 특성에 비추어 카메룬인 리더십의 문제점을 분석해 보면 미래 의식의 결여로 인해 비전이 약하고, 부족주의로 인사가 공정하지 않으며, 재정 관리에 약하고, 신학 교육의 실패로 인해 신학이 빈곤하다. 이들을 지도자로 양육하기 위하여 선교사는 비전과 영성, 그리고 지성의 사람이 되어야 하고 무엇보다도 관계에 우선권을 두고 사역해야만 한다.

아프리카 선교의 위기적인 현실을 볼 때 지금까지 선교회들이 선교의 원칙으로 삼아온 "바울의 선교 방법"이나[219] 헨리 벤의 "삼자 원칙"은 재고되어야 한다. 1세기의 "바울의 선교 방법"은 시대와 상황의 변화에 따라 변해야 한다. "새 포도주는 새 부대에 넣어야"(눅 5:38) 하기 때문이다. 또한 삼자 원칙은 자립과 자치를 위해 자전을 희생한 부작용을 초래했으므로 자립 정책으로부터 자전과 선교를 중시하는 선교 정책으로 바뀌어야 한다. 그리고 선교사들은 지금까지 서구 선교사들이 선교지 교회의 자립 정책을 중시하느라 그들에게 선교 비전을 전수하지 못한 것을 반성해야 한다. 스티븐 니일이 지적한 것처럼 아프리카 교회들은 자립을 획득한 후에 현재의 저급한 상태에 만족하여 더 성장하기 위한 수고를 하지 않으며 복음 전파와 선교에 대한 지극히 희박한 관심 때문이다. 그러므로 선교사들은 현지 교회 지도자들에게 무엇보다도 선교 비전을 심는 일에 최선을 다해야 한다.

선교의 성패는 지도자 훈련에 달려있다. 선교사들은 왜 예수께서 12제자를 훈련하셨는지를 기억해야 한다. 예수는 사역의 성패가 자신의 비전을 전수할 지도자 훈련에 달려있다는 것을 너무도 잘 아셨다. 맥스웰은 "리더의 능력은 당신이 재직하고 있는 동안에 무엇을 성취했느냐에 의해서 측정되는 것이 아니다. 당신이 그곳을 떠난 후에 구성원들과 조직이 얼마나 잘 해내는가에 의해서 측정된다. 장기적인 관점에서 리더의 가치는 승계에 의해서 결정된다"라고 지도자 훈련의 중요성을 강조하였다. 그렇기 때문에 예수는 12제자 훈련에 자신의 모든 시간과 열정을 바친 것이다. 예수는 3년간 제자들을 훈련하신 후에 "그러므로 너희는 가서 모든 족속으로 제자를 삼으라."라고 그들에게 리더십을 이양하시며, 그들을 선교지로 파송하셨다. 이제 세계를 복음으로 변화시키시려는 예수의 선교 비전은 12제자에게 전수된 것이다. 12제자는 예수의 권세, 즉 하늘과 땅의 모든 권세(마 28:18)를 예수로부터 위임받아 이 땅의 모든 족속에게 나아갔다. 바울도 영적인 아들 디모데에게 "네가 많은 증인 앞에서 내게 들은 바를 충성된 사람들에게 부탁하라. 저희가 또 다른 사람들을 가르칠 수 있으리라."(딤후 2:2)라고 당부함으로 복음 전파를 위한 지도자 훈련의 중요성을 강조하였다.

지도자 훈련을 위해 선교사는 스승과 아비가 되어야 한다. 그는 선교지에서 자신의 영적 자녀를 낳고, 양육하고, 파송하고, 후원해야 한다. 그는 이 모든 과정에서 아비의 심정을 지녀야 한다. 자녀를 위해 해산하는 수고를 하고, 자신의 모든 것을 아낌없이 주는 아비가 되어야 한다. 그는 아이에게 간섭하는 아비가 아니고, 아들을 희생적으로 사랑하는 아비이다. 이런 아비에게 훈련받은 아들이 그 아비를 쫓아내는 일은 있을 수 없다. 패륜아의 책임은 먼저 부모에게 있는 것이지, 자식에게 있는 것이 아니다. 선교사는 아비로서 아이(현지 교회)를 잘 양육하고, 아이가 성장하면 아비와 자식으로서 서로 의존하고 신뢰하며 일하는 아름다운 동역 관계를 이루어야 할 것이다.

현지 교회가 성장해가면서 선교사는 지혜롭게 단계적으로 리더십을 이양해야 한다. 개 교회, 총회, 그리고 해외자금으로 세운 시설들을 현지 교회의 성숙도를 보아가며 단계적으로 이양해야 한다. 그러나 학교들은 현지 교회에 이양하는 것을 가능한 늦출 필요가 있다. 학교를 통해 교회 지도자들을 효과적으로 훈련할 수 있기 때문이다.

특히 신학교는 선교회가 선교지를 완전히 철수할 때까지 계속 책임을 맡는 것이 좋을 것이다. 그것은 아프리카 선교의 위기가 신학 훈련의 실패에서부터 온 것이며 이 문제를 해결하기 위해서는 말씀으로 훈련된 경건한 지도자들이 필요하기 때문이다. 따라서 선교회가 선교지에서 사역하는 동안에 선교사역의 핵심이며, 현지 지도자들보다 더 잘할 수 있는 신학교 사역을 자립정책 명분으로 현지 교회에 이양할 이유가 없는 것이다. 교회지도자 훈련은 외국 선교부가 현지 교회들로 하여금 그들의 나라를 복음화 하도록 도울 수 있는 우선적인 방법이기 때문이다. 이를 위해 신학교는 현지 교단 소속으로 하지 말고 NGO 소속으로 하든지, 여러 선교회가 협력하여 초교파적으로 운영해야 한다. 이렇게 할 때 보다 수준 높은 신학 교육과 현지 지도자 훈련이 가능해지고, 보다 효과적인 아프리카 선교를 할 수 있을 것이다.

평가 및 전망

본 연구를 통해 몇 가지 해결해야 할 남은 과제들을 제시하고자 한다.

첫째로, 현지 지도자들의 개척 선교사에 대한 태도와 후임 선교사들에 대한 태도에 차이가 있다는 것이다. 개척 선교사에 의해 복음을 듣고, 양육 받은 이들은 개척 선교사를 아비로 인정할 수 있지만, 후에 온 선교사들에 대해서는 그렇지 않은 경우가 많다. 그러나 어떻게 보면 이것은 당연한 현상일 수 있다. 한 목회자가 새로운 교회에 부임해 왔을 때, 그가 전임자의 그늘에서 벗어나고 이들의 아비로 받아들여지기 위해서는 적어도 5-6년이 지나야 하는 것과 마찬가지 원리이다. 후임 목회자는 이 기간 동안 최선을 다해 교회를 돌봄으로 이들의 신뢰를 얻을 수도 있고, 그 반대의 경우도 일어날 수 있는 것이다. 선교사의 첫 번째 단점으로, 선교사가 개척하여 사역하다가 현지 지도자에게 물려준 교회의 40%와, 선교사가 개척하여 현재 사역 중인 교회의 45%가 후계 문제를 꼽은 것은(표 7 참조) 이 문제에 대한 현지인들의 염려를 잘 보여준다. 그러나 현지 지도자들과 이 문제에 관해 대화해보니, 그들은 아버지가 없으면 삼촌 또는 장남이 아버지를 대신하는 아프리카 문화를 거론하며, 후임 선교사가 잘하면 아무 문제가 없다는 것이었다. 표 4에서 본 것처럼, 이들은 선교사에 대해 긍정적인 생각을 갖고 있으며, 이들의 태도는 선교사에 달려있다고 볼 수 있다. 어떻게 후임 선교사들이 선임 선교사와 아름다운 팀 사역을 하고, 현지 지도자들을 헌신적으로 양육하는 아비 리더십을 소유할 수 있는지를 연구해야 한다.

둘째로, 신학교 사역을 끝까지 선교부가 해야 하며, 할 수 있느냐는 것이다. 먼저, "신학교 사역을 끝까지 선교부가 해야 하는가?"라는 당위성의 문제는 다른 선택의 여지가 없어 보인다. 오늘날 아프리카 교회의 가장 심각한 문제가 비성서적 교리, 자유주의, 혼합주의, 다원주의, 지도자의 자질 부족 등 근본적으로 신학의 빈곤에서 온 것이며, 결국 지금까지의 아프리카 신학 교육은 실패로 결론 났기 때문이다. 이제라도 복음주의 선교사들이 신학 교육을 책임지고, 복음적인 아프리카 지도자들을 키워내야 한다. 다음으로, "신학교 사역을 끝까지 선교부가 할 수 있는가?"라는 가능성의 문제는 필자가 제안한 방식으로 하면 가능하다고 본다. 신학교를 NGO 소속으로 하고, 신학교 운영을 위한 재정을 외국에서 조달하고, 훌륭한 교수들이 가르치며, 초교파 선교회들이 연합하여 운영하고, 현지인들도 함께 책임을 맡을 때, 선교사들에 의해 지속적으로 신학교가 운영되는 것은 가능하게 여겨진다. 그러나 효과적인 신학교 운영에 관한 연구가 되어야 한다.

셋째로, 어떻게 현지 교회에 지속적으로 선교 비전을 심어줄 수 있느냐 하는 문제이다. 현지 지도자들을 지속적으로 선교사로 파송하고, 선교지에서 돌아온 그들이 안식년 기간에 교회들을 방문하여 선교 비전을 고취시키고, 그들 중 일부는 안식년 후에도 고국에 남아 선교 지향적인 목회를 하게 되면 현지 교회들은 자연히 선교 비전을 품게 될 것이다. 그러나 많은 현지인을 선교사로 파송하기 위해서는 필요한 경비가 채워져야 하므로 외국교회들이 현지인 선교사를 후원하는 일에 적극적으로 동참하도록 도전하는 방안이 연구되어야 한다.

끝으로, 어떻게 아프리카인 선교사들을 효과적으로 관리할 수 있는가 하는 문제이다. 효과적인 선교사 후보생 선발 및 훈련, 재정관리 훈련, 영성 훈련, 자녀교육, 건강관리에 관한 방안을 연구해야 한다. 적절한 후원과 감독을 병행하여 그들이 낙심하거나 탈선하지 않도록 하며, 선임 선교사가 선교지를 순회하며 그들을 돌보고, 지역별로 묶어 관리하는 방안이 연구되어야 한다. 또한 그들을 후원하는 현지 교회와 외국교회 후원자들에게 정기적으로 기도 편지를 발송하여 현지인 선교사와 후원자들 사이에 돈독한 관계가 지속되도록 해야 한다. 그 외에도 필자가 미처 다루지 못한 문제들이 효과적인 지상대위임령 성취를 위해 애쓰는 선교사들과 선교학자들을 통해 다루어지기를 기대한다.

각주

1) David Bosch, 「변화하고 있는 선교」 김병길 외 역, (서울: 기독교문서선교회, 2000), 27.

2) David Bosch, 「선교신학」 전재옥 역, (서울: 두란노서원, 1987), 16.

3) Gerald. H. Anderson, ed.., Mission Trends No.1, (Mahwah, NJ: Paulist Press, 1998), 134.

4) David Bosch , 「변화하고 있는 선교」, 762.

5) Gerald. H. Anderson, ed., Mission Trends No.1, 134.

6) Ibid.,133.

7) Jacques Blandenier, Mission Renouvellée, (Paris: Editions G.M, 1975), 175-178.

8) Fuller W. Harold, Mission-Church Dynamics, (Pasadena:William Carey Library,1980), 101.

9) Crawley Winston, Global Mission, (Nashville:Broadman Press,1985), 252.

10) Fuller W. Harold, Mission-Church Dynamics, 102.

11) David J. Hesselgrave, 「현대선교의 도전과 전망」 장신대세계선교원 역, (서울: 한국장로교출판사, 1991), 215-216.

12) K. P. Johannan, 「세계선교의 혁명」 임승환 역, (서울: 죠이선교회,2005), 155.

13) Geert Hofstede , 「세계의 문화와 조직」 차재호외 역, (서울: 학지사, 2000), 52-66.

14) John Mbiti, 「아프리카의 종교와 철학」 정진홍역, (서울: 현대사상사, 1979), 194-200.

15) Geert Hofstede, 「세계의 문화와 조직」, 87.

16) Ibid., 95.

17) Ibid., 106.

18) Ibid., 169.

19) Ibid., 188.

20) John Mbiti, 「아프리카의 종교와 철학」, 209.

21) Ibid., 229-231.

22) Ibid., 251-278

23) Ibid., 13-15.

24) Ibid., 16.

25) Ibid., 19.

26) Ibid., 20.

27) Ibid., 312-318.

28) Jonas. N. Dah, Missionary Motivations and Methods, (Basel: University of Basel, 1983), 111.

29) Jean-Paul Messina, Jaap van Slageren, Histoire du Christianisme au Cameroun, (Paris: Karthala-Clé, 2005), 27-30.

30) Jaap van Slageren, Histoire de l'Eglise au Cameroun, (Paris: G.M, 1969), 57.

31) Jean-Paul Messina, Jaap van Slageren, Histoire du Christianisme au Cameroun, 31-34.

32) Engelbert Mveng, Histoire du Cameroun, (Paris: Editions Presence Africaine, 1963), 451-452.

33) Jaap Van Slageren, Histoire de l'Eglise au Cameroun, 57-61.

34) Lloyd E. Kwast, The Discipling of West Cameroon, (Grand Rapids, MI: Eerdmans, 1971), 75-76.

35) Engelbert Mveng, Histoire du Cameroun, 452.

36) Ibid., 452.

37) Jaap Van Slageren, Histoire de l'Eglise au Cameroun, 94.

38) Engelbert Mveng, Histoire du Cameroun, 452.

39) Lloyd E. Kwast, The Discipling of West Cameroon, 81-82.

40) Jaap Van Slageren, Histoire de l'Eglise au Cameroun, 72.

41) Ibid.,73.

42) Ibid., 74.

43) Ibid., 104.

44) Lloyd E. Kwast, The Discipling of West Cameroon, 84-86.

45) Jaap Van Slageren, Histoire de l'Eglise au Cameroun, 95-96.

46) Engelbert Mveng, Histoire du Cameroun, 454.

47) Jaap Van Slageren, Histoire de l'Eglise au Cameroun, 98.

48) Ibid., 72-73.

49) Ibid.,73.

50) Ibid., 99-100.

51) Ibid., 101.

52) Ibid., 98.

53) Ibid., 90.

54) Jean-Paul Messina, Jaap van Slageren, Histoire du Christianisme au Cameroun, 85.

55) Engelbert, Histoire du cameroun., 455.

56) Jaap Van Slageren, Histoire de l'Eglise en Afrique, 106.

57) Jean-Paul Messina, Jaap van Slageren, Histoire du Christianisme au Cameroun, 86.

58) Ibid.,89.

59) Ibid., 52, 91.

60) Jaap Van Slageren, Histoire de l'Eglise en Afrique, 111.

61) Ibid., 112.

62) Ibid., 112.

63) Jean-Paul Messina, Jaap van Slageren, Histoire du Christianisme au

Cameroun, 95-96

64) Ibid., 99.

65) Slageren, Histoire de l'Eglise au Cameroun, 115-116

66) Jean-Paul Messina, Jaap van Slageren, Histoire du Christianisme au Cameroun, 103-104

67) Ibid., 107.

68) Ibid., 107-108.

69) Ibid., 109-110.

70) Jaap Van Slageren, Histoire de l'Eglise en Afrique, 123-124.

71) Jean-Paul Messina, Jaap van Slageren, Histoire du Christianisme au Cameroun, 114.

72) Ibid., 114-115.

73) Ibid., 117.

74) 명성훈, 성경속의 리더십 마스터키, (서울: 국민일보, 2000), 21-24.

75) 존 맥스웰, 리더십 21가지 법칙, 홍성화 역, (서울: 청우, 2005), 31.

76) 명성훈, 「성경 속의 리더십 마스터키」, 64-75.

77) Ibid., 80-96.

78) Ibid., 40-52.

79) James Means, 「그리스도인 사역의 지도력」 주상지 역, (서울: 생명의 말씀사, 1991), 53-54.

80) 김경섭, 「리더십의 고지 이렇게 점령하라」,(서울: 프리셉트,2004), 269.

81) Lorence Richards, 「교회지도자 신학」 남철수 역, (서울: 정경사, 1989), 121.

82) 명성훈, 「성경 속의 리더십 마스터키」, 45.

83) Ibid., 51-52.

84) Geert Hofstede, 「세계의 문화와 조직」, 52.

85) Ibid., 66.

86) Ibid., 87.

87) Ibid., 106.

88) Ibid., 93-106.

89) Jean-Paul Messina, Jaap van Slageren, Histoire du Christianisme au Cameroun, 84

90) Ibid., 63

91) Lloyd E. Kwast, The Discipling of West Cameroon, 84-86

92) Jean-Paul Messina, Jaap van Slageren, Histoire du Christianisme au Cameroun, 51.

93) Ibid., 63-65.

94) Ibid., 66.

95) Jaap van Slageren, Histoire de l'Eglise au Cameroun, 90.

96) Jean-Paul Messina, Histoire du Christianisme au Cameroun, 51 ,67-68.

97) George Barna, 「비전있는 지도자 비전있는 사역」, 곽춘희 역, (서울: 죠이선 교회,1999), 124-131

98) 김윤진, 「아프리카의 문화」 (서울: 다해, 2003), 153,157.

99) John .Mbiti, African Religions and Philosophy, (New York: Anchor Books ,1970), 21-23.

100) 폴 히버트, 「선교와 문화인류학」 김동화 외 역, (서울: 죠이선교회, 1996), 188.

101) John Mbiti, African Religions and Philosophy, 21-25.

102) Ibid., 23.

103) 폴 히버트, 「선교현장의 문화이해」 김영동 안영권 역, (서울: 죠이선교회, 1997), 212-218.

104) 윌리암 테일러 편집, Seth Anyomi, "세스 아뇨미의 논평",「21세기 글로벌 선 교학」 최형근 외 역, (서울: 기독교문서선교회, 2000), 916.

105) 패트릭 존스톤, 「세계기도정보」 (서울: 조이선교회,2002), 78.

106) 허버트 케인, 「기독교선교이해」 신세균 역, (서울: 기독교문서선교회, 1997), 285.

107) 패트릭 존스톤, 「세계기도정보」, 79.

108) John Mbiti, African Religions and Philosophy, 131,135.

109) Ibid., 135.

110) 허버트 케인, 「기독교선교이해」, 286.

111) 패트릭 존스톤, 「세계기도정보」, 666.

112) Roland Allen, Missionary Methods: St Paul's or Ours? (Westminster: World Dominion Press, 1960), 49.

113) Ibid.,154-155.

114) T. S. Soltau, 「현대선교전략」, 신홍식 역(서울: 크리스찬비전하우스,1990), 147-148.

115) 허버트 케인, 「기독교선교이해」, 523.

116) 윌리암 테일러 편집, Yusufu Turaki, "아프리카로부터의 복음주의 선교학: 장점과 단점들", 「21세기 글로벌 선교학」, 483.

117) 패트릭 존스톤, 「세계기도정보」, 666-667

118) Ibid., 667.

119) Geert Hofstede, 「세계의 문화와 조직」, 94-95.

120) Harold Fuller, Mission-Church Dynamics, 246.

121) 존 맥스웰, 「리더십 21가지 법칙」, 81.

122) John Haggai, 「미래는 진정한 리더를 요구한다」 임하나 역, (서울: 하늘사다리, 1996), 60.

123) 윌리암 테일러 편집, Yusufu Turaki, "아프리카로부터의 복음주의 선교학: 장점과 단점들", 「21세기 글로벌 선교학」, 479-483.

124) 헨리 블랙커비, 「영적 리더십」, 윤종석 역, (서울: 두란노, 2002), 179-185.

125) 웨슬리 듀엘, 「열정적인 지도자」정중은 역, (서울: 생명의 말씀사, 1992), 275.

126) E. M. 바운즈,, 「기도」, 김원주 역, (서울: 크리스찬 다이제스트, 2000), 18-19. 784.

127) Jacques Blandenier, Mission Renouvellée, 185-186.

128) Ibid., 188-189.

129) Ibid.,191-193.

130) David Hesselgrave, 「선교 커뮤니케이션론」 강승삼 역, (서울: 생명의 말씀
    사, 1999), 366.

131) Kelly O'Donnell, 「선교사 멤버케어」 최형근 외 역, (서울: 기독교문서선교
    회, 2002), 33.

132) Jacques Blandenier, Mission Renouvellée, 190.

133) 존 맥스웰, 「리더십 21가지 법칙」, 81.

134) Ibid., 151.

135) Ibid., 154-155.

136) John Maxwell, 「당신 주위에 있는 사람을 키우라」, 임윤택 역, (서울: 두란
    노, 2000), 97-101.

137) John Maxwell, 「리더십 21가지 법칙」, 164-165.

138) 김윤진, 「아프리카의 문화」, (서울: 다해, 2003), 157-158.

139) 이석호 엮음, 「아프리카 탈식민주의 문화론」, (서울: 동인, 2001), 133-134.

140) 김성태, 「세계선교전략사」, (서울: 생명의 말씀사, 1994), 23.

141) 명성훈, 「성경속의 리더십 마스터키」, 318.

142) 맥스웰, 「리더십 21가지 법칙」, 311.

143) 김성태, 「세계선교전략사」, 38-39.

144) 허버트 케인, 「기독교선교이해」, 신세균역 (서울: 기독교문서선교회, 1997),
    449.

145) 허버트 케인, 「기독교세계선교사」, 박광철 역, (서울: 생명의 말씀사, 1981),
    198.

146) Roland Allen, Missionary Methods : St Paul's or Ours ?, 141-142.

147) Ibid., 143.

148) 김연진, 「선교신학총론」, (서울: 성광문화사, 1995), 235-236.

149) 허버트 케인, 「기독교선교이해」, 452.

150) 김연진, 「선교신학총론」, 234.

151) Gailyn Van Rheenen, Missions: Biblical Foundations & Contemporary Strategies, (Grand Rapids:Zondervan, 1996), 182.

152) Paul Hiebert & F. Frances, Case studies in Missions, (Grand Rapids:-Baker Book House, 1987), 183.

153) Ibid., 184.

154) Robert McQuiklin, "The Foregin Missionary-a vanishing breed?", Church/Mission Tensions Today, 48-49

155) 김성태, 「세계 선교전략사」,133, 231.

156) E.R.데이튼 & D.A.프레이저, 「세계선교의 이론과 전략」, 곽선희 외 역, (서울: 장로회총회출판부, 1991), 463-464.

157) Gailyn Van Rheenen, Missions: Biblical Foundations & Contemporary Strategies, 184.

158) Robert McQuiklin, "The Foreign Missionary", The Church/Mission Tension Today, 225.

159) Harold Fuller, Mission-Church Dynamics, 42.

160) Lesslie Newbigin, A Word in Season, (Grand Rapids: Eerdmans, 1994), 18.

161) 제럴드 앤더슨 외, 「선교역사와 신학」, (서울: 서로사랑, 1998), 126.

162) Winston Crawley, Global Mission, 302.

163) John Mark Terry, Ebbie Smith, eds., Missiology, (Nashville, TN: Broadman & Holman, 1998), 442-444.

164) 허버트 케인, 「기독교선교이해」, 454.

165) Ibid., 460.

166) John Mark Terry, Ebbie Smith, eds., Missiology, 440.

167) D.J. 헤셀그레이브, 「현대선교의 도전과 전망」, 장신대세계선교원 역, (서울: 한국장로교출판사, 1991), 221-223.

168) John Mark Terry, Ebbie Smith , eds., Missiology, 440,440-446.

169) D.J. 헤셀그레이브, 「현대선교의 도전과 전망」, 29.

170) Jacques Blandenier, Mission Renouvellée, 142-143,149.

171) 김성태, 「세계선교전략사」, 23.

172) D.J. 헤셀그레이브, 「현대선교의 도전과 전망」, 221-223.

173) Harold Fuller, Mission-Church Dynamics, 138-139

174) Jacques Blandenier, Mission Renouvellée, 149-151.

175) Roland Allen, Missionary Methods : St Paul's or Ours ?, 111-112.

176) David. J. hesselgrave, Planting Churches Cross-Culturally, (Grand Rapids: Baker books, 1995), 413.

177) 폴 히버트, 「선교와 문화인류학」, 김동화 외 역, (서울: 조이선교회, 1996), 173-175.

178) Ibid., 176-177.

179) Geert Hofstede, 세계의 문화와 조직, 66.

180) 맥스웰, 「리더십 21가지 법칙」, 203-204.

181) 폴 히버트, 「선교현장의 문화이해」, 김영동, 안영권 역, (서울: 조이선교회, 1997), 231-232.

182) Ibid., 233-234.

183) 강문석, 「아프리카 선교론」, (서울: 성광문화사, 1995), 196.

184) John.S.Mbiti, African Religions and Philosophy, (New York: Anchor Books, 1970), 300.

185) 허버트 케인, 「기독교선교이해」, 459.

186) Jacques Blandenier, Mission Renouvellée, 141-144.

187) 폴 히버트, 「선교와 문화인류학」, 395-396.

188) Seth Anyomi, "세스 아뇨미의 논평", "「21세기 글로벌 선교학」, 918.

189) 스티븐 니일, 「기독교선교사」, 홍치모. 오만규 공역, (성광문화사, 1979), 651-652.

190) 허버트 케인, 기독교선교이해, 521.

191) David. J. hesselgrave, Planting Churches Cross-Culturally, 418.

192) Gerald. H. Anderson, ed., Mission Trends No.1, 134.

193) Ralph Winter, ed., Perspectives on The World Christian Movement, (Pasadena: william Carey Library, 2002), 256.

194) 한국세계선교협의회편, 「세계선교의 비전과 협력」, 282-283.

195) Philip Butler, "The Power of Partnership", Perspectives on The World Christian Movement, 753-756.

196) Jacques Blandenier, Mission Renouvellée, 147-148.

197) Jaap Van Slageren, l'histoire de l'Eglise en Afrique, 72-73.

198) 한국세계선교협의회, 「세계선교의 비전과 협력」, 279-280.

199) David. J. Hesselgrave, Planting Churches Cross-Culturally, 404-405.

200) 맥스웰, 「리더십 21가지 법칙」, 187.

201) Ibid., 189.

202) 명성훈, 「성경속의 리더십 마스터키」, 215.

203) Nesslie Newbegin, A Word in Season, (Grand Rapids: Eerdmans, 1994), 13.

204) 허버트케인, 「기독교세계선교사」, 204.

205) 윌리암 테일러 편집, 「21세기 글로벌 선교학」, 472-473.

206) 김성태, 「세계선교전략사」, 33.

207) T.S. Saltau, 「현대선교전략」, 154-157

208) 한국세계선교협의회, 「세계선교의 비전과 협력」, 209.

209) 스티븐 니일, 「기독교선교사」, 홍치모. 오만규 공역, (서울: 성광문화사, 1979), 655.

210) 한국세계선교협의회, 「세계선교의 비전과 협력」, 449-450.

211) Ibid., 456.

212) 스티븐 니일, 「기독교선교사」, 656.

213) Charles van Engen, 「미래의 선교신학」, 박영환 역, (서울: 바울, 2004), 365.

214) 김연진, 「선교신학 총론」, (서울: 성광문화사, 1995), 247.

215) John Mark & Terry, Ebbie Smith, eds., Missiology, 536-537.

216) 찰스 반 엥겐, 「미래의 선교신학」, 366-372.

217) Harold Fuller, Mission-Church Dynamics, 111-112.

218) Allen Roland의 저서 Missionary Methods : St Paul's or Ours ? 는 지금까지 선교사들에게 선교의 원칙으로 간주되었다.

219) 맥스웰, 「리더십 21가지 법칙」, 317.

참고문헌

I. 한국서적

강문석, 「아프리카 선교론」 서울: 성광문화사, 1995.

김성태, 「세계선교전략사」, 서울: 생명의 말씀사, 1994.

김경섭, 「리더십의 고지 이렇게 점령하라」, 서울:프리셉트, 2004

김연진, 「선교신학총론」 서울: 성광문화사, 1995.

김윤진, 「아프리카의 문화」 서울: 다해, 2003.

명성훈, 「성경속의 리더십 마스터키」 서울: 국민일보, 2000.

양창삼, 「예수리더십」 서울: 진흥, 2004.

이석호 엮음, 「아프리카 탈식민주의 문화론」 서울: 동인, 2001.

전호진편, 「한국교회와 선교 1집」 서울: 엠마오, 1985.

채은수, 「선교학원론」 서울: 총신대학교, 1998.

한국세계선교협의회 편, 「세계선교의 비전과 협력」 서울: 횃불, 1996.

한국일, 「세계를 품는 선교」, 서울: 장로회신학대학교, 2004

2. 번역서적

Anderson, Gerald ed, 「선교역사와 신학」 서울: 서로사랑, 1998.

Barna George, 「비전 있는 지도자 비전 있는 사역」 곽충희 역,
        서울: 죠이선교회, 1999.

Barna George, 「비전을 실행하는 지도자」 조범식 역, 서울: 서로사랑, 1999.

Barna George외, 「리더십을 갖춘 지도자」 최기운 역, 서울: 베다니출판사, 1999

Blackaby Henry, 「영적 리더십」 윤종석 역, 서울: 두란노, 2002.

Bosch David, 「변화하고 있는 선교」 김병길 외 역, 서울: 기독교 문서선교회, 2000.

Bosch David, 「선교신학」 전재옥 역, 서울: 두란노서원, 1987.

Daton E. R. & Fraiser D. A., 「세계선교의 이론과 전략」 곽선희 외 역,
서울: 장로회총회출판부, 1991.

Duewel Wesley L. 「열정적인 지도자」 정중은 역, 서울: 생명의 말씀사, 1992.

Haggai John E, 「미래는 진정한 리더를 요구한다」 임하나 역, 서울: 하늘사다리,
1996.

Hesselgrave David, 「현대선교의 도전과 전망」 장신대세계선교원 역,
서울: 한국장로교출판사, 1991.

Hesselgrave David, 「선교 커뮤니케이션론」 강승삼 역, 서울: 생명의 말씀사,
1999.

Hibert Paul, 「선교와 문화인류학」 김동화 외 역, 서울: 죠이선교회, 1996.

Hibert Paul, 「선교현장의 문화이해」 김영동 외 역, 서울: 죠이선교회, 1997.

Hofstede Geert, 「세계의 문화와 조직」 차재호 외 역, 서울: 학지사, 1996

James E. Means, 「그리스도인 사역의 지도력」 주상지 역, 서울: 생명의말씀사,
1991.

Johannan K. P, 「세계선교의 혁명」 임승환 역, 서울: 죠이선교회, 2005.

Jonstone Patrick& Mandrik Jason, 「세계기도정보」 죠이선교회 역,
서울: 죠이선교회 출판부, 2002.

Kane Herbert, 「기독교선교이해」 신세균 역, 서울: 기독교문서선교회, 1997.

Kane Herbert, 「기독교 세계선교사」 박광철 역, 서울: 생명의 말씀사, 1981.

Kelly O'Donnell, 「선교사 멤버케어」 최형근 외 역, 서울: 기독교문서선교회,
2002.

Lingenfelter Sherwood, 「문화적 갈등과 사역」 왕태종 역, 서울: 죠이선교회,
1989.

Maxwell John, 「리더십 21가지 법칙」 홍성화 역, 서울: 청우, 2005.

Maxwell John, 「당신 주위에 있는 사람을 키우라」 임윤택 역, 서울: 두란노, 2000.

Mbiti John, 「아프리카 종교와 철학」 정진홍 역, 서울: 현대사상사, 1979.

Neil Stephen, 「기독교선교사」 홍치모. 오만규 공역, 서울: 성광문화사, 1979.

Richards Lorence O, 「교회지도자 신학」 남철수역, 서울: 정경사, 1989.

Saltau T. S , 「현대선교전략」 신홍식 역, 서울: 크리스찬비전하우스, 1990.

Talor William 편집, 「21세기 글로벌 선교학」 최형근 외 역,
　　　　　　　서울: 기독교문서선교회, 2000.

Van Engen, Chales, 「미래의 선교신학」, 박영환 역, 서울: 바울, 2004

3. 영어서적

Allen Roland, Missionary Methods : St Paul's or Ours ?
　Westminster: World dominion press, 1960.

Anderson Gerald. H. ed., Mission Trends No.1, Mahwah, NJ: Paulist Press,
　1998.

Cook Harold. R., Missionary Life and Work, Chicago: Moody press, 1977.

Crawley Winston, Global Mission, Nashville,:Broadman Press, 1985.

Dah Jonas. N, Missionary Motivations and Methods: A Critical Examina-
　tions of the Basel Mission in Cameroon 1886-1914, Basel: University
　of Basel, 1983.

Dodge Ralph E, The Unpopular Missionary, New York: Fleming H. Revell
　Company, 1964.

Fuller w. Harold, Mission-Church Dynamics, Pasadena: William Carey
　Library, 1980.

Hesselgrave David. J., Planting Churches Cross-Culturally, Grand Rapids:
　Baker books, 1995.

Hibert Paul & Frances F, Case Studies in Missions, Grand Rapids: Baker
　Book House, 1987.

Kwast Lloyd E, The Discipling of West Cameroon, Grand Rapids: Eerdmans, 1971.

Mbiti John. S, African Religions and Philosophy, New York: Anchor Books, 1970.

Ministry of information and Culture, The Cultural identity of Cameroon, Yaoundé: Ministry of information, 1985.

Newbigin Lesslie, A Word in Season, Grand Rapids: Wm.B.Eerdmans, 1994.

Noss Philip A., Grafting Old Rootstock, Dallas: International Museum of Cultures, 1982.

Nyansako-ni-Nku, Journey in Faith, Yaoundé: Presbyterian Church in Cameroon, 1982.

Smally William A, Reading in Missionary Anthropology, Michigan: ANN ARBOR, 1967.

Taper Charles R., The Church in Africa, TN: Milligan college, 1977.

Terry John Mark, Smith Ebbie, eds., Missiology, Nashville, TN: Broadman & Holman, 1998.

Van Rheenen, Gailyn, Missions: Biblical Foundations & Contemporary Strategies, Grabd Rapids, MI: Zondervan, 1996

Wagner Peter, ed., Church/Mission Tensions Today, Chicago: Moody Press, 1972.

Wakatama Plus, Independence for the third world church, An Africans perspective on Missionary work, New York: Intervasity Christian Fellowship of U.S.A, 1976.

Winter Ralph, ed., Perspectives on the World Christian Movement, Pasadena: William Carey Library, 2002.

4. 불어서적

Abbé Tchamda, Almanach Nufi, Prost Turnhout, 1986.

Efoé PENOUKOU, Eglises d'Afrique (propositions pour l'avenir), Paris: Editions KARTHALA, 1984.

Engelbert Mveng, Histoire du Cameroun, Paris: Editions presence Africaine, 1963.

Eugnène..Nida, Coutumes et Cultures, Paris: Editions G.M. 1978.

Jaap van Slageren, Histoire de l'Eglise en Afrique, Yaoundé: Editiona CLE, 1963.

Jaap van Slageren, les Origines de l'Eglise Evangélique du Cameroun, Yaoundé: CLE, 1972.

Jacques Blandenier, Mission Renouvellée, Paris: Editions G.M, 1975.

Jean-Paul Messina, Jaap van Slageren, Histoire du Christianisme au Cameroun, Paris: Editions Karthala et Editions Clé, 2005.

카메룬 교인들의 리더십 평가 설문지

1	당신의 생각에 카메룬 교회의 건강 상태는 어떠한가? ☐ 매우 좋다　☐ 좋다　☐ 나쁘다　☐ 매우 나쁘다
2	이러한 교회의 건강 상태는 무엇 때문인가? ☐ 부족 문제　☐ 재정문제　☐ 비성서적 교리　☐ 비전의 결여 ☐ 목사의 자질
3	선교사는 중대한 변화를 가져올 수 있는가? ☐ 그렇다　☐ 아니다
4	선교사는 지속적으로 필요한가? ☐ 그렇다　☐ 아니다
5	무엇 때문에 선교사가 필요한가? ☐ 영적 아비　☐ 교사　☐ 행정가　☐ 재정 후원자　☐ 국제관계
6	선교사는 어떤 장점을 가지고 있는가? ☐ 부족 감정이 없다　☐ 재정 관리를 잘한다 ☐ 좋은 교리를 보존한다　☐ 비전을 보존한다

7	선교사는 어떤 단점을 가지고 있는가? □ 다른 문화 □ 후계 문제 □ 재정의존 □ 기타
8	현지 목사는 교회를 위해 어떤 장점을 가지고 있는가? □ 같은 문화 □ 언어 구사 □ 사람들의 쉬운 접근 □ 기타
9	현지 목사는 교회를 위해 어떤 단점을 가지고 있는가? □ 부족 감정 □ 비전 결여 □ 남에게 영향받는 교리 □ 기타
10	선교사는 지역 교회의 리더가 될 수 있는가? □ 있다 □ 없다 □ 얼마 동안
11	당신은 몇 살인가? □ 10-20세 □ 21-30세 □ 31-40세 □ 41-50세 □ 51세 이상
12	당신의 지적 수준은 무엇인가? □ 초등학교 □ 중학교 □ 고등학교 □ 대학교 이상
13	당신은 교회에 출석한지 얼마나 되는가? □ 5년 이하 □ 6-10년 □ 11년 이상